Luxusgut Zeit

Von Eile und Weile, von Hast und Rast.

Mehr Lebensqualität im Alltag
durch erfüllte ZEIT

Luxusgut Zeit

Von Eile und Weile,
von Hast und Rast.

Mehr Lebensqualität im Alltag
durch erfüllte ZEIT

Bibliografische Information der Deutschen Nationalbibliothek

Die Deutsche Nationalbibliothek verzeichnet diese Publikation in der Deutschen Nationalbibliografie, detaillierte bibliografische Daten sind im Internet über http://dnb.dnb.de abrufbar.

© 2017 Irmhild Poulsen
Herstellung und Verlag
BoD – Books on Demand, Norderstedt

ISBN: 978-3-7431-6247-1

Einleitende Gedanken	11

Kapitel 1

Wie halten Sie es mit Ihrer Zeit? - Absichten und Ziele mit diesem Buch	19
Kleine historische Zeitmessgeschichte – Zeitsuche „Im Laufe der Zeit"	27
Kronos, der griechische Gott der Zeit	30
Wie die Zeit verrinnt – Was ist ZEIT eigentlich?	31
Die Vergänglichkeit der Zeit - Haben Sie genügend Zeit für ‚die Zeit'?	33

Kapitel 2

‚Keine Zeit' im Heute	35
Lebensalltag heute	41
Im Netz der Zeithetze gefangen - Beruf – Karriere – Familie – keine Zeit für sich	46
Gehören Sie zur 'Coffee to go' -Fraktion? Beschleunigung auch des Konsums	48

Kapitel 3

Timeout! Zeit, umzudenken? Veränderungen…	51
Sich Zeit nehmen, um über den eigenen Umgang mit Zeit nachzudenken -	60
WEM gehört eigentlich Ihre Zeit?	60
Die stille Revolution	63

Alles hat seine Zeit	66
Dranbleiben – Wenig ist besser als nichts	67
Kulturelle Unterschiede in der Wahrnehmung von Zeit	69
Wie geht das – die Zeit ‚richtig' nutzen?	72
Enthetzen und Entschleunigen - Das eigene Bild von Zeit ändern	73
Die drei wichtigen W's – WWW	74
Stille und Schweigen als Zeit für sich selbst	76
Vom Abwählen, Zuwählen und Lassen	78
Was ich ja schon lange mal wollte…	79
Die Wahrnehmung von verschwendeter Zeit	86
Die unersättlichen Zeiträuber	91
Ersatzhandlungen bzw. Übersprunghandlungen	100
Hinzufügen, was nährt, streichen, was zehrt	104
Muße und Müßiggang – werden Sie zu Eroberern und lassen Sie sich von der Muße inspirieren	105
Pausen – zur Ruhe kommen und den Geist entspannen	107
Abwählen und nicht immer Tun	114
Zeit für Nähe – Zeit zum Alleinsein – Qualitätszeit schaffen	115

Mehr Leben im Jetzt. Im Augenblick 116
Mit Achtsamkeit im JETZT der Zeit –
Mindfullness Based Stress Reduction 118
Gekaufter Zeitwohlstand 130

Kapitel 4
Auch eine gute Planung hilft:
Die Kröte schlucken (nach Brian Tracy) 139
Die Öltonnen von Brian Tracy 146

Zum Ausklang 152
Der Fischer und der Banker 154

Literatur 157

Über die Autorin 159

Bei diesem Zeichen finden Sie immer:

 **Gedanken zum Innehalten**

Als Konfuzius in einem dringenden Staatsgeschäft zum Kaiser befohlen wurde, schärfte er dem Rikschakuli ein, bevor er dessen schwankendes Gefährt bestieg:
„Fahre langsam, mein Freund, ich habe es eilig."

Einleitende Gedanken

Seit über zehn Jahren beschäftige ich mich mit dem Thema ZEIT. Es war bisher immer faszinierend für mich, darüber mit anderen zu philosophieren, alleine nachzusinnen und meine Gedanken umher schweifen zu lassen, was *Zeit* eigentlich ist und wie wir Menschen durch die Zeit gehen. Sie kennen sicher alle das Gemälde des spanischen surrealistischen Malers Salvador Dali mit den zerfließenden Uhren „Die zerrinnende Zeit" (Die Beständigkeit der Erinnerung), das er 1931 gemalt hat. Die lapprigen, weichen, zerfließenden Uhren gemahnen uns an unsere Vergänglichkeit, an das unaufhörliche Fließen der Zeit, Zeit, die immer vergeht, egal was wir tun oder auch lassen. Die Vergänglichkeit als einzige wirkliche Konstante gemahnt uns an unsere eigene Endlichkeit, an Werden und Vergehen, das Gesetz allen Lebens.

Aber was ist Zeit eigentlich? Haben alle gleich viel Zeit? Wie schnell vergeht die Zeit und kann sie auch plötzlich still stehen, stoppen und zu Ende gehen? Wo verschwindet die Zeit hin, wenn sie vergeht? Zeit kann man nicht anhalten. Ein Menschenleben kann enden, aber die Zeit geht immer weiter im gleichen Tempo.

Früher bestimmten Sonnenaufgang und Sonnenuntergang den Lebensrhythmus der Menschen. Man stieg aus dem Bett, wenn es hell wurde und arbeitete den ganzen Tag, und ging ins Bett, wenn es dunkel wurde. Erst mit der Industrialisierung änderte sich das und nahm den Menschen praktisch ihre selbstbestimmte Zeit im Lebensalltag.

Zeitdruck, Zeitnot und Zeitmangel sind Phänomene der modernen Welt, in der wir leben. Immer mehr klagen die Menschen über Zeitdruck und Zeitnot, anscheinend ist nie genügend Zeit vorhanden, um all das zu tun, was wir möchten, sollen, müssen.

Unsere Wohlstandsnation mit ihrer Beschleunigungs- und „immer-schneller-Spirale", wo wirtschaftliches Wachstum das oberste Ziel ist, lässt Menschen nicht zur Ruhe kommen.

Hetze macht atemlos, innerlich getrieben, ohne jemals dort anzukommen, wo man eigentlich hin möchte. Oft bleibt man innerlich leer und unzufrieden zurück. Die Sehnsucht nach eigener, freier Zeit, nach Zeit ohne Ziel und Zweck, nach Zeit vertrödeln und

Zeit einfach vergehen lassen, nach Muße und Ruhe ist ständiger Begleiter.

Wir wollen Zeit sparen durch das immer-schneller-tun, durch Hast und Eile, erreichen jedoch das Gegenteil. Durch Eile und Hetze verpassen wir die scheinbar ‚kleinen' Dinge im Alltag, die uns nähren und unserer Seele gut tun. Wer Zeit überall sparen will, entgeht wertvollen Erfahrungen und tut sich selbst keinen Gefallen. Hast ist Last.

Alle reden und klagen heutzutage von Zeitnot, Zeitdruck, fehlender Zeit, nicht genügend Zeit, keine Zeit. Es wird zu viel darüber geredet und geklagt, anstatt sich zu überlegen, wie die vorhandene Zeit zu einem **er**füllten Leben genutzt werden könnte.

Eile, Hetze, Hast und Schnelligkeit sind heute zum selbstverständlichen Alltagsverhalten vieler Menschen geworden. Die Folge: Nervosität, Schlafstörungen, innere Unruhe, Kopfschmerzen, Ungeduld, beim kleinsten Anlass aus der Haut fahren… Bereits bei Kindern findet man einen anwachsenden Medikamentengebrauch, ADHS als Stempel einer Diagnose.

Trotz Zeitgewinn durch den technischen Fortschritt (z.B. Spül- und Waschmaschinen im Haushalt usw.) empfinden die Menschen in der Moderne zunehmend mehr Zeitnot in ihrem alltäglichen Leben. Das ist ein Paradoxon der Zeit, in der wir leben. Der Soziologe Hartmut Rosa meint, dass es ständig eine immer stärkere Beschleunigung in allen unseren Lebensbereichen gibt, z.B. wie die technische Beschleunigung, beim Transport, in unserer Kommunikation, in den Dienstleistungen, der Produktion von Gütern, immer schnellere PCs und Smartphones usw. Diese Beschleunigung hat psychologische Auswirkungen auf uns, die auch krank machen können.

An vielen Arbeitsplätzen im Lande muss immer mehr in kürzerer Zeit geschafft werden. Radikal werden Rationalisierungsmaßnahmen durchgeführt, Stellen abgebaut - es muss alles mit weniger Arbeitskraft wie am Schnürchen laufen.
Eine Freundin von mir – seit über 30 Jahren als Nacht-Krankenschwester in einem großen Klinikum tätig, berichtete mir, dass selbst hier Arbeitsplätze wegrationalisiert wurden und sie jetzt eine weitaus größere Anzahl

Patienten nachts zu versorgen hat. Die Kolleginnen rennen so nachts durch die Flure der Krankenhäuser und werden dadurch selbst krank.

Die Veränderungen in der Arbeitswelt haben in den letzten Jahren für viele Menschen zur Überlastung geführt. Die Sorge um den Arbeitsplatz, Umstrukturierungen und Fusionen zur finanziellen Ersparnis von Firmen und Trägern führen häufig zu hohem Arbeitseinsatz bei den verbliebenen Mitarbeitenden, Leistungsdruck und fortwährenden Anpassungsleistungen. Immer mehr und schneller soll gearbeitet werden, der enorme Druck nimmt zu, viele fühlen sich ständig angespannt, wie „unter Strom". Die Menschen leiden physisch und psychisch unter diesen Veränderungen, die Anzahl der „Ausgebrannten" steigt. Viele sind dauerhaft erschöpft und münden in ein Burnout. Burnout als „Verschleißerscheinung" der modernen Arbeitswelt ist ein schleichender Prozess, der jedoch zur großen Chance für die Betroffenen werden kann, um ausgefahrene Weichen neu zu stellen.
Wir haben zwar nicht immer Einfluss auf die Veränderung von Arbeitsbedingungen und

Strukturen am Arbeitsplatz sowie auf familiäre/häusliche Anforderungen und Pflichten, aber immer die Möglichkeit, unseren Fokus zu ändern und mit kleinen Schritten zu beginnen, Veränderungen einzuleiten.
Hierfür tragen nur wir selbst die Verantwortung - was eine bedeutende Chance darstellt.

Arbeitszeit wird eingespart, und gleichzeitig Erkrankungen und dadurch ja mitunter recht lange Fehlzeiten und wiederum Kosten verursacht. Wahrlich **paradox.**
Die Zeit geht uns aus – und die Luft…
Durch Multitasking (einst als wunderbare Fähigkeit gepriesen) und Steigerung der Produktivität schleichen sich leichter Fehler in unser Tun, oft müssen wir dann von vorne beginnen.
In der Industrie wird in unserem kapitalistischen System in vielen Bereichen ein Überangebot produziert (das uns auch orientierungslos macht bei z.B. vierzig verschiedenen Joghurts im Regal). In dieser optionalen Welt übersteigen die vielen Wahlmöglichkeiten das menschliche Vermögen (nicht im monetären Sinne) und

man fühlt sich überwältigt – im wahrsten Sinne des Wortes. Zu viel wird zu rasch entsorgt und neu gekauft, das Bruttosozialprodukt muss ja erhöht, der Standard gewahrt werden. Wir wollen immer mehr haben, mehr besitzen, sollen oder wollen auch mehr leisten. Gleichzeitig erkranken immer mehr Menschen an Stress und Burnout, was den Krankenkassen und den Firmen bzw. Trägern selbst hohe Kosten verursacht. Von den seelischen Folgen für die Einzelnen ganz zu schweigen. Ja, und ZEIT, die hat deshalb ja niemand mehr.

Kapitel 1
Wie halten Sie es mit Ihrer Zeit?
Absichten und Ziele mit diesem Buch

Wie Sie Ihren Blick auf Zeit ändern können

Wie Sie durch Umdenken mehr Zeitwohlstand erlangen

Was Sie als Pilot Ihrer Zeit erleben können

Was Werkzeuge und Tipps bewirken

Kapitel 1
Wie halten Sie es mit Ihrer Zeit?
Absicht und Ziele mit diesem Buch

Stellen Sie sich folgendes vor: Sie gehen am Samstagmorgen über den Wochenmarkt und treffen eine alte Schulfreundin aus Ihrer Kinderzeit. Diese fragt: „Hei, was haben wir uns lange nicht gesehen, hast Du Zeit auf einen Kaffee?" Was antworten Sie? „Ja, sehr gerne, ich freue mich, diese Zeit nehme ich mir einfach." „Nein, ich muss noch dies und das erledigen, leider, ach Du weißt ja…". Oder: „Vielleicht passt es nächste Woche?"

> **Das einzige Mittel, Zeit zu haben, ist:**
> **Sich Zeit zu nehmen.**
> *Bertha Eckstein*
> *österreichische Schriftstellerin*

Ich möchte Sie in diesem Buch auch zum Philosophieren einladen. Einladen, sich ZEIT zu nehmen, über Ihren eigenen Umgang mit Zeit nachzudenken und sich hoffentlich einige wichtige Denkanstöße zu holen, für Ihren Weg zu einem **er**füllten Leben.

Philosophieren alleine bringt jedoch noch keine Veränderung, dies ist zwar spannend, interessant und lehrreich. Viele wollen auch nur gerne weiter klagen über ihre permanente Zeitnot; diejenigen jedoch, die für sich etwas anderes wollen, die offen und aufgeschlossen sind, für diejenigen gibt es Anregungen und Werkzeuge, durch einen veränderten Fokus auf vorhandene Zeit kleine, oftmals Wunder wirkende Justierungen im Alltag vorzunehmen.

Es geht also hier weniger um Zeitmanagement als um einen neuen Blick auf Zeit schlechthin, auf die Ihnen zur Verfügung stehende Lebenszeit und wie Sie trotz der vielfältigen beruflichen und privaten Pflichten zu einem anderen Zeitwohlstand kommen können.

Können wir einfach aussteigen?

Immer mal wieder hören oder lesen wir von Menschen, die ihren bisherigen Beruf aufgeben, die sozusagen ausgestiegen sind und sich – oftmals nach einem Burnout – in eine völlig andere berufliche Daseinsrichtung bewegt haben. Einige waren mehrere Wochen in einer Stressklinik, andere besuchten für eine bestimmte Zeit ein Kloster, einige haben das Lebensprinzip der Achtsamkeit gelernt und verinnerlicht, haben Meditation und Yoga geübt und leben nun mit einem anderen Beruf ein anderes, ruhigeres, bereichertes Leben, vielleicht mit wesentlich weniger Einkommen, dafür jedoch mit mehr Zeit für sich selbst und das, was ihnen wichtig ist.

Aber wir können nicht alle Aussteigen aus unserem bisherigen Leben, vor allem nicht, wenn wir eine Familie und finanzielle Pflichten haben – oder doch? Wolf Küper erzählt in seinem Buch, wie er seiner Tochter den Wunsch erfüllte, eine Million Minuten mit ihr zu verbringen und die gesamte Familie ein Jahr ausstieg und das Glück fand.

Ich möchte Wissen, Werkzeuge und Techniken mit Ihnen teilen, die mir selbst seit vielen Jahren und auch – dem Feedback nach zu urteilen – den Teilnehmenden aus Workshops sehr geholfen haben. Seit über zehn Jahren mache ich in Seminaren zur Stressbewältigung immer wieder die Erfahrung, dass gerade dieses Thema

„Umgang mit Ihrer Zeit" bei den Teilnehmenden auf großes Interesse stößt, sie gerne mit jemandem darüber sprechen möchten. Wir nehmen uns daher Zeit, darüber nachzudenken, uns darüber auszutauschen, auf neue Möglichkeiten, Ideen und Wege zu kommen, anders als bisher mit Zeit umzugehen.

Durch die hier vorgestellten Ideen werden Sie Ihre Zeit anders nutzen können und sich eher trauen, das zu tun, wonach Sie sich sehnen und was SIE sich wünschen (z.B. mehr Zeit mit Ihren Kindern verbringen, Partnern, Eltern, Freunden oder ganz für sich selbst sein).

> **ZEIT ist nicht etwas, das Sie bekommen – ZEIT ist etwas, das Sie sich nehmen müssen.**
> *Brian Tracy*

Die Fragen und kleinen Übungen sind Werkzeuge für die Reise zu mehr Zeit und letztlich für mehr Sinn in Ihrem Leben, für all das, was IHNEN wichtig ist.

Sie können sich beim Lesen einen kleinen Fahrplan machen, das Steuer in die Hand

nehmen und losfahren. Sie bestimmen die Richtung, in die Sie sich bewegen möchten.
Wir sind alle unterschiedliche Persönlichkeiten, haben unterschiedliche Prägungen und Muster sowie Gewohnheiten usw. Daher passen nicht alle Ideen und Vorschläge zu allen Leserinnen und Lesern. Wählen Sie das für Sie passende und ansprechende aus wie aus einem Bauchladen – einiges passt sicher auch Ihnen.

 *Wege entstehen beim Gehen…*

Das Buch soll Hilfestellung und Unterstützung für all diejenigen sein, die einen geschäftigen Alltag haben und sich mehr ZEIT für sich und das Ihnen Wichtige wünschen. Vielleicht suchen einige auch eine andere Handhabung der ZEIT, die Sie zur Verfügung haben. Sie werden durch das Lesen dieses Buches real zwar nicht mehr Zeit bekommen, aber *gefühlt* mehr Zeit, wenn Sie ein paar Überlegungen anstellen, Veränderungen vornehmen und Ihren Umgang mit Zeit für die Zukunft überdenken.

Ich möchte gerne dazu beitragen, dass Sie Ihre Tat- und Handlungskraft auf Ihr Ziel richten und Erkenntnisse gewinnen, die Ihnen auf Ihrem Wege zu mehr erfüllter Zeit im Lebensalltag helfen.

Der Blick auf Zeit geht stets einher mit einem erweiterten Blick auf Achtsamkeit und wie ein achtsameres Leben zuweilen sehr positive Auswirkungen haben kann. Sie werden spüren, wie gut es tut, auf die Bremse zu treten, Hetze und Hast auszubremsen und Ihren Fuß vom Gas zu nehmen. Sie werden Entrümpeln, Aufräumen und sich so mehr (Frei)Raum schaffen für die Verwirklichung Ihrer Vorstellungen, Träume und Visionen.

ZEIT hat viele Gesichter:

Zeitverlust	Zeitmangel
Zeitvertreib	Zeitnot
Lebenszeit	Ruhezeit
Zeitgewinn	Zeitfülle
Zeitbegrenzung	Zeitwohlstand
Zeitvergeudung	alle Zeit der Welt
Zeitreichtum	Zeitleere
Zeitinvestition	Zeitverschwendung
Zeit sparen	Zeitgefühl

Zeit vergeht	Zeit totschlagen
Zeitpuffer	Zeit zerrinnt
Anfangszeit	Zeit erleben
Endzeit	Zeitlebens
Zeitgeist	dahin eilende Zeit
verlorene Zeit	verflossene Zeit
…	…
…	…

(bitte tragen Sie hier noch weitere Begriffe ein)

Kleine historische Zeitmessgeschichte - Zeitsuche „Im Laufe der Zeit…"

Früher bestimmten Sonnenaufgang und Sonnenuntergang den Lebensrhythmus der Menschen.
Bereits 5000 v.Chr. versuchte die Astronomie, Zeit zur erfassen. In den Sternen wurde die Vergänglichkeit der Zeit wahrgenommen. Auch Wetterlagen und der Wechsel der Natur in den Jahreszeiten dienten dieser Erfassung. Bereits in der frühen Antike um 3000 v.Chr. wurde die Sonnenuhr als Messinstrument von Zeit erfunden. 1400 v.Chr. erfanden Menschen Wasseruhren und Öluhren, um unabhängig vom Tageslicht Zeit zu messen.

Der Tag wurde dadurch in Zeit-Einheiten einteilbar. Dadurch konnte man sehen - und wir kennen heute den Ausdruck: „Die Zeit ist abgelaufen". Im 14. Jahrhundert wurde die Sanduhr erfunden. Alle Menschen auch ohne Bildung konnten dadurch Zeit ablesen (in: Zeitgeschichten, S. 6).

Um 1500 n.Chr. erfolgte dann die Erfindung der mechanischen Zeitmessinstrumente. Der Nürnberger Schlosser Peter Henlein erfand die ersten Taschenuhren, dosenförmige tragbare Taschenuhren, die auch am Hals an einem Band getragen werden konnten. Zeitmessinstrumente sind also eine von Menschen gemachte Erfindung zur Zeiteinteilung. Sie dienen uns zur Orientierung in einem allzu oft hektischen und geschäftigen Arbeits- und Lebensalltag. Sie dominieren aber auch unseren Alltag und somit auch unser Leben.
Zu Beginn der Industrialisierung in der zweiten Hälfte des 18. Jahrhunderts und besonders im 19. Jahrhundert wurden in der Industrie Stechuhren und Stechkarten eingeführt, um die Arbeitszeit zu erfassen.
Mit der Erfindung von Zeitmessinstrumenten richteten die Menschen sich nicht mehr nur

an der Natur aus, sondern an der so zu messenden Zeit, die verging. Der Zeitforscher Karl Heinz Geißler schreibt: „Der Mensch ist das einzige Wesen, das stets dann, wenn`s um Zeit geht, auf die Uhr schaut...Die Uhr dient dem zeit-sinnlosen Menschen als Blindenstock, mit dem er sich im zeitlichen Werden und Vergehen Orientierung und Stabilität zu verschaffen sucht. Die konkrete, die erlebte, erfahrbare lebendige Zeit hingegen ist eine Uhr ohne Zeiger und ohne Zifferblatt" (S.20 und 21).

Uhren zur Zeiterfassung sind heute überall gegenwärtig:
im Haus /in der Wohnung an der Wand
am Handgelenk
im Mobiltelefon
im PC
am TV
am Nachttisch
am Herd
am Busbahnhof
im Auto
an Kirchen
in öffentlichen Gebäuden
am Bahnhof und an den Gleisen usw.

Uhren verwechseln die meisten Menschen mit der Zeit selbst. Uhren sind Konstruktionen, um die Veränderung in der Zeit sichtbar zu machen. Chronometer = Zeitmesser, dienen uns und dominieren gleichzeitig unseren Alltag.
Aber die Uhr ist nicht die Zeit.

Kronos, griechischer Gott der Zeit

Abb. in: Boëthius/Zellweger 1986, S.44

Ursprünglich war Kronos der Urgott, der Erschaffer des Seins, aber auch ein schrecklicher Zerstörer. Kronos – Gott der Zeit, griech.: Chronos – Zeit. Die Sanduhr mahnt uns an unsere Vergänglichkeit, die destruktive Seite ist der negative Aspekt der Zeit, die Zeit, die alles verschlingt, die Sense als Symbol, die alles dahinrafft – und letztlich auch uns selbst.

Wie die Zeit verrinnt – Was ist Zeit eigentlich? Die Vergänglichkeit der Zeit
Wie Gottfried Keller einmal sagte geht der Mensch durch die Zeit.

Die Zeit geht nicht,
sie stehet still,
wir ziehen durch sie hin;
sie ist ein' Karawanserei,
wir sind die Pilger drin.
Gottfried Keller

Zeit kann man nicht sehen, nicht greifen oder fühlen, nicht hören, nicht riechen, nicht schmecken, nicht tasten – die Zeit ist lautlos, still. Zeit ist also nicht sichtbar, es gibt nur Zeichen, dass sie vergeht.

Das Zeitphänomen beschäftigt zunehmend auch Wissenschaftler und Philosophen, die bislang keine allgemein gültige Erklärung dafür geben konnten, was genau ZEIT eigentlich ist.

Jedenfalls gibt es die reale Zeit und die persönlich wahrgenommene Zeit. Sitzen wir z.B. auf dem Zahnarztstuhl, vergeht die Zeit unglaublich langsam und wir wünschen uns, dass die Minuten nur so dahin fliegen können und rasch vergehen. Sitzen wir in einem wunderbaren Konzert, verfliegt die Zeit nur allzu rasch und wir wünschen uns „Verweile doch, du bist so schön". Fiebern wir mit unserer Fußball- oder Handballmannschaft in den letzten Minuten, wenn es um Sieg oder Niederlage geht, so empfinden wir die letzten Minuten als zäh und ewig lang; sind wir im Urlaub, ist dieser nur allzu schnell vorbei und wir treten schon wieder die Heimreise an; die Wartezeit auf Bahn und Bus, beim Arzt oder in der Schlange im Supermarkt kann lang erscheinen, in guter und geistreicher Gesellschaft jedoch verfliegt diese nur zu schnell, da vergeht die Zeit ‚wie im Flug', sie verschwindet in die ‚blaue Luft' wie Luftballons, die wir zu besonderen Festen in den Himmel steigen lassen.

Die Wahrnehmung der Vergänglichkeit ist also situationsabhängig, obwohl die zu messende Zeit immer gleich vergeht.

Haben Sie genügend Zeit für „die Zeit"?

Jeder neue Tag hat 24 Stunden, die Woche 168 Stunden und ein Monat sogar 720 Stunden (bei durchschnittlich 30 Tagen pro Monat).

Nehmen Sie sich daher immer mal eine Stunde Zeit, blättern und lesen Sie in diesem Buch, um über Ihren eigenen Umgang mit Ihrer Zeit nachzudenken und sich Impulse und Anregungen dafür zu holen, was Sie verbessern bzw. verändern könnten. Und es braucht eben auch ZEIT, also Zeit, die Sie nutzen und investieren, um hilfreiche Werkzeuge kennenzulernen und diese dann in Ihren Lebensalltag integrieren zu können.

Sie können sich auch die Zeit, die Sie dafür verwenden möchten, dieses Buch zu lesen, gut einteilen, z.B. alleine jeden Abend eine halbe Stunde oder einen Abend die Woche oder jeden Samstagnachmittag; oder Sie gründen eine Lesegruppe, lesen mit Partner/in oder Freund/in und tauschen sich über das Gelesene aus. Alle haben ja einen Nutzen davon, weil alle ja stets über Zeitnot klagen. Hilfreich ist, sich diese Zeit fest im Terminkalender einzuplanen als Verabredung mit sich selbst.

Ich wünsche mir, dass Ihnen die Anregungen und Gedanken in diesem Buch zukünftig verbessert helfen, Herrin bzw. Herr Ihrer Zeit zu werden. Doch: Geht das überhaupt? Können wir Herr bzw. Herrin über unsere Zeit sein? Hat der römische Philosoph Seneca Recht, wenn er sagt: „Alles ist fremdes Gut, nur die ZEIT ist unser Eigen"?

Meine seit nunmehr fast 50 Jahren beste und älteste Freundin Marita ist Uhrmachermeisterin von Beruf. In ihrer Werkstatt tickt es ununterbrochen von all den vielen Uhren, die an den Wänden hängen und auf eine Reparatur warten. Tick, tick, tack, tack, klick, klick, klack, klack geht es den ganzen Tag um sie herum. Ja, sie ist in gewissem Masse Herrin der Zeit und wird in ihrem Berufsalltag immerzu an das Vergehen der Zeit durch die Messgeräte erinnert.

> *The bad news is, time flies, the good news is, you're the pilot.*
> **Michael Altshuler, Coach**

Kapitel 2

„Keine Zeit" im Heute

Was Hetze, Hast und Hektik auslösen

Was Alltagsstress bewirkt

Wie dauernde Geschäftigkeit krank macht

Wie uns das hohe Tempo belastet

Kapitel 2
„Keine Zeit" im Heute

Wo man sich auch umhört, alle klagen stets über Zeitdruck oder „nie genügend Zeit". Zeit scheint überall und bei jedem knapp zu sein.
„Ich habe keine Zeit", „Wenn ich nur mehr Zeit hätte...", Die Zeit rinnt uns durch die Finger: Die Zeit hat uns im Griff, dabei sollten **wir** doch die Zeit im Griff haben – aber: geht das überhaupt? Zeitnot – wir geben der Zeit die Schuld für unsere Geschäftigkeit – und für unseren Stress.
„Wie die Zeit vergeht", „Wie die Zeit rast", „Wo ist nur die Zeit hin?" fragen wir uns häufig. Wer heutzutage keine Zeit hat, zeugt von Geschäftigkeit. Dieser Mensch ist gefragt, er ist wichtig, er wird gebraucht. Zeit ist etwas, gegen das man nichts tun kann. Ähnlich, wie alle Menschen auf der Autobahn im Stau gleich sind, ist Zeit auch etwas Gerechtes, denn sie ist für alle Menschen gleich, und jeder hat am Tag 24 Stunden zur Verfügung, und jede Stunde hat für jeden Menschen 60 Minuten usw.
Zeit ist einfach da, sie ist gegeben, vorgegeben.

Hat man nur wenige Pläne, Ziele, Verpflichtungen, Unternehmungen, so hat man viel Zeit, hat man mehrere oder gar viele Vorhaben, Verpflichtungen usw., so kann man vielleicht nicht alle durchführen, weil die Zeit hierfür nicht ausreicht. Daher muss man erkennen, dass nicht die Zeit schlechthin das Problem ist, sondern das Problem liegt in der Anzahl/Vielfalt der Pläne, Vorhaben, Projekte, Pflichten usw., die man selbst hat oder sich selbst stellt oder auch andere einem in der verfügbaren Zeit stellen. Das Problem ist also alles, was man „soll" oder selbst gerne „will". Hinzu kommt, dass ‚keine Zeit' zu haben, heute auch ein Statussymbol ist. Sind Sie jetzt erschrocken? Ja, ich weiß, das trifft auf Sie nicht zu, denn Sie haben ja wirklich nicht genügend Zeit zur Verfügung, oder?

Doch lesen Sie bitte weiter, ich hoffe, ich habe Sie nicht abgeschreckt. Ist in der nachfolgenden Folie aber nicht auch ‚ein Körnchen Wahrheit'?

Keine Zeit = Statussymbol?

- Wer sehr beschäftigt ist, keine Zeit hat, viel zu tun hat, immer was vor hat, ist ein „gefragter" Mensch, er ist wichtig, wird gebraucht.
- Wer genügend Zeit hat, viel freie Zeit hat, Zeit als unerschöpfliche Ressource wahrnimmt, ist eher langweilig, uninteressant, nicht gefragt.

Langsam wird deutlich: Es geht um Prioritäten, um wählen und entscheiden. Wenn Sie zu viele Vorhaben im Verhältnis zu der Ihnen zur Verfügung stehenden Zeit haben, ist die einzige Möglichkeit, Prioritäten anders zu setzen. Alle sind nämlich nicht gleich wichtig. Ein erster Schritt: Das nächste Mal, wenn Sie wieder sagen wollen „Ich habe keine Zeit", ersetzen Sie diesen Satz mit „Ich soll/möchte etwas anderes, das mir wichtiger ist". Denn wenn uns etwas wichtig genug ist, finden wir auch die Zeit dafür. Nähern wir uns einem für uns wichtigen Termin, finden wir die Zeit, uns dieser Aufgabe ganz zu widmen. Sind wir verliebt, finden wir genügend Zeit, um zusammen zu sein. Selbst der tüchtigste

Geschäftsmensch findet dann plötzlich Zeit. (Fast) alles ist also eine Frage der Prioritäten.

Wir leben in einem hektischen Alltag. Viele Menschen plagt der Alltagsstress. Die Aussage 'Müßiggang ist aller Laster Anfang' lastet schwer auf einigen. Nur nicht rasten, nicht innehalten, und − in Abwandlung an Descartes: Ich denke, also bin ich - Ich tue, also bin ich. Also Handeln als Selbstverwirklichung bzw. als Identitätssicherheit. Durch Müßiggang wird Zeit verschwendet und gleichzeitig Geld verloren, da 'Time' ja bekanntlich 'Money' ist.
Hermann Hesse hält dagegen: Die Kunst des Müßiggangs. Diese zu beherrschen und dabei doch auch kreativ, handelnd, aktiv zu sein − das ist die Balance, die ein ausgewogenes, ausgeglichenes, in sich ruhendes Leben darstellt.

Alles fließt.
Heraklit
griech. Philosoph

Lebensalltag heute

Doch wie sieht der Alltag vieler Menschen aus? Die meisten Menschen befinden sich im Würgegriff der Zeit, haben Angst, etwas zu verpassen, sie leben ein geschäftiges Aktivitätsniveau, sind immer aktiv, ruhelos, in einer Non-Stopp-Gesellschaft, Ex- und Hopp-Gesellschaft, in einer Beschleunigungsspirale: Schneller, besser, sofort, mehr. 'Schnell' wird assoziiert mit geschäftig, kontrollierend, aggressiv, jagend, stressig, auch oberflächlich, ungeduldig, aktiv, erfolgreich, während 'Langsam' eher für ruhig, fürsorglich, geduldig, still, intuitiv und nachdenklich steht.

Viele Menschen sind immer beschäftigt, haben immer zu tun, sind immer aktiv; um die Effektivität zu steigern, müssen sie immer schneller sein. Weltrekorde im Sport müssen immer noch eine zehntel Sekunde besser sein als vorher, und über die Weltrekorde der z.B. 60/70Jahre kann man heute nur noch müde schmunzeln. Immer schneller in die Pedale treten, effektiver werden: Unsere Zeit macht krank, viele fühlen sich gestresst, überfordert, unter Druck, um mit anderen mitzuhalten. Geschwindigkeit hält die Illusion aufrecht,

schneller vorwärts zu kommen. So kann man leicht aus der Bahn geworfen werden.
Rastlosigkeit, permanente Berieselung, Lärm, Mobiltelefon – allzeit erreichbar sein. Ein Stau auf der Autobahn, eine Warteschlange beim Einkaufen – die kleinste Verhinderung wird zum Feind des raschen Weiterkommens, die geringste Verspätung oder Andeutung von Langsamkeit lässt Unmut aufkeimen und den Adrenalinspiegel in die Höhe schnellen.
Wir sind Sklaven eines hohen Tempos. Aus der Angst, Zeit zu versäumen, verpassen wir den Augenblick.

Leben wir, um Geld zu verdienen? Sollte es nicht umgekehrt sein: Geld verdienen, um zu leben? Stressbedingte Krankheiten nehmen zu, Burnout-betroffene Menschen werden immer jünger. Bereits Schulkinder und Studierende klagen über zu viel Stress. Aber das hohe Tempo ist nicht die beste Taktik. Wenn wir durch das Leben hasten, erhöhen wir den Druck auf uns selbst, bis wir zusammenbrechen.

Unsere ZEIT ist nach dem Münchner Psychotherapeuten Wolfgang Schmidbauer (2002) schnellsterbig und nicht schnelllebig, wie es sonst immer heißt. Schmidbauer meint hier eine schnelle Auflösung und Entwertung von Allem um uns herum. Was vorgestern noch aktuell war, ist heute längst überholt. „Wer aber in sein Leben hineinfinden und etwas aus ihm machen will, muss lernen, diesem Prozess der Entwertung zu widerstehen" (ebd. S.13). Wer von uns will sich nicht in seinem Lebensalltag zurechtfinden, etwas aus seinem Leben machen, seine Werte mitgestalten und danach leben?

Wir alle unterliegen objektiven Zwängen und Anforderungen in Alltag, Beruf und Familie. Andere stellen Erwartungen an uns, die wir zu erfüllen suchen, wir unterliegen also Fremd- und Selbstzwängen, haben aber physiologische und psychologische Bedürfnisse. Hier ins Gleichgewicht zu kommen ist für viele Menschen eine schier unüberwindbare Herausforderung, und traditionelle Zeitmanagement-Konzepte sind für viele wenig hilfreich, da sie versprechen, noch mehr in kürzerer Zeit schaffen zu können. Also Rationalisierung versus Sensibilisierung für die Bedürfnisse des Einzelnen. Tempowahn und Zeitökonomie

fordern Opfer: Unfreiwillige Auszeiten durch stressbedingte Krankheiten nehmen zu, und nur ein gutes Zeitmanagement wird mittlerweile als „fragwürdige Problemlösestrategie" (Schlote 2000, S.14) betrachtet, da diese Ansätze unser Alltagshandeln und die durch Zeitdruck, Hetze und Aktivismus verursachten Leiden durch eine „zeitökonomische Optimierung" zu lindern und zu verändern suchen (ebd.), also:
Immer mehr, schneller, besser in der gleichen, verfügbaren Zeit leisten zu sollen.

Der deutsche Autor und Philosoph Axel Schlote fordert daher ein Umdenken hin zu neuen, nicht-ökonomischen Umgangsformen mit Zeit (S.15), mit dem Ziel der Reduktion von Belastungen bei Zugewinn an innerer Ausgeglichenheit, Gelassenheit und Muße, innere Balance, das innere Lot finden und kultivieren. Der Psychologe Schmidbauer meint hierzu: „Wer den Bogen nicht kräftig spannt, wird keinen Pfeil ins Ziel bringen. Wer ihn überspannt, zerbricht ihn (Schmidbauer 2002, S.55).

Wie aber gelingt es, in die Balance zu kommen? Wie gelingt eine solche

Reduzierung von Belastungen, wenn die Anforderungen an uns gleich bleiben - oder sogar sukzessive steigen?

Nicht allein eine nur bessere Zeiteinteilung oder Planung hilft also, sondern die langsame und schrittweise Änderung langfristiger Einstellungen und Verhaltensmuster durch Bewusstwerdungsprozesse im Einzelnen, den Mut, neue Wege einzuschlagen, das Aushalten von Stagnation und das Dranbleiben. Denn alles befindet sich in einem rhythmischen Wechsel von Werden und Vergehen, Schlafen und Wachen, Arbeiten und Pausen, Anspannung und Entspannung, Produktivität und Regeneration. Wer das verstanden und verinnerlicht hat, wird sich auf den Weg machen, sein Tempo zu reduzieren und mit seinem Alltagsstress besser umzugehen.
Es ist ein Weg hin zur Selbstkultur im Wechselspiel der Maximen „Erkenne dich selbst" – Sokrates und „Befiehl dir selbst" – Cardano (berühmter Arzt, Mathematiker und Naturwissenschaftler des 16. JH).

Zur Geburt gehört der Tod.
Zum Einatmen gehört das Ausatmen.
Zum Geben gehört das Nehmen.
Zur Leistung gehört die Erholung.
Zur Geborgenheit gehört die Einsamkeit.
Zur Spannung gehört die Entspannung.
Chinesische Weisheit

Im Netz der Zeithetze gefangen -
Beruf – Karriere – Familie – keine Zeit für sich

Wir sind heute alle in dieser Gesellschaft gleichermaßen herausgefordert und wir haben Pflichten, die es zu erfüllen gilt. Wir müssen einkaufen, Mahlzeiten zubereiten, Frühstückspakete machen, an Elternabenden teilnehmen, Geburtstagsfeiern vorbereiten, backen, die Wohnung sauber halten, Wäsche waschen, ggf. bügeln, evtl. den Garten pflegen – und noch vieles mehr, und das bei Beruf und Karriere.

Familien, Schulen, Arbeitsplätze und Unternehmen können jedoch nur als organisierte Gemeinschaften gelingen, wenn es Zeitvorgaben und Zeitmessinstrumente gibt. Das muss so angenommen und akzeptiert werden.

Wir sollten uns jedoch bewusst machen, dass wir
1. nicht alles schaffen können in der uns zur Verfügung stehenden Zeit und
2. wir auch unterschiedliche Typen von Menschen sind und
3. unsere gegenwärtige Lebenssituation betrachten müssen sowie die eigenen Grenzen kennen, würdigen und wahren.

Beate X fühlt sich genötigt und backt nach einem Anruf der Kita-Mitarbeiterin dann doch abends um 20.00 Uhr noch einen Kuchen für die Kindertagesstätte, während Silke lieber am nächsten Morgen bei ‚Coppenrath und Wiese' (oder beim Bäcker) vorbeigeht... Beate fühlt sich verpflichtet und rafft sich ohne Energie abends noch dazu auf, will nicht enttäuschen usw., Silke braucht mehr Ruhe, Stille, Zeit für Besinnlichkeit und Muße am Abend. Wir haben alle unterschiedliche Grenzen und Bedürfnisse für das, was uns zufrieden und glücklich macht. Silke würdigt so ihre Grenze und ist zufrieden mit der dadurch gewonnen freien Zeit am Abend, zum Innehalten, Verweilen, Zeit auf sich zukommen lassen, ohne sie dauernd füllen zu wollen.

Unser Ziel sollte sein, unseren Anspruch auf Zeit mit den real vorhandenen wirklich wichtigen Erfordernissen und unseren persönlichen, ebenso bedeutsamen Bedürfnissen in Balance und Einklang zu bringen.

 *Unsere Zeit wird uns teils geraubt,*
teils abgeluchst,
und was übrig bleibt,
verliert sich unbemerkt.
Seneca

Gehören Sie zur ‚Coffee to go' –Fraktion?
Beschleunigung auch des Konsums

In einem Workshop fragte mich ein Teilnehmer: „Frau Poulsen, Sie gehören doch wohl hoffentlich nicht auch zur ‚Coffee to go'-Fraktion?" Nein, das tue ich ganz gewiss nicht! Es störte ihn sehr, dass so viele Menschen durch die Innenstädte hetzen mit ihrem Kaffeebecher in der Hand oder sich im Gehen ein Stück Fastfood in den Mund schieben, ohne überhaupt richtig wahrzunehmen, was sie da schmecken. Auch der tägliche Konsum von Lebensmitteln hat sich also beschleunigt, um nur ein Beispiel zu nennen, ganz zu schweigen von den Massen an Lebensmitteln, die in unserem reichen Land täglich in die Mülltonnen geworfen werden. Aber wir Verbraucher fordern ja z.B. von den Supermärkten, dass auch abends um 18 Uhr noch alle Brotsorten im Regal zum Kauf zur Verfügung stehen. Und wir kaufen auch selbst oft genug viel zu viel ein. Schuhe werden nicht mehr repariert, Socken nicht mehr gestopft, Nähte nicht mehr nachgenäht, ex und hopp, kaufen wir uns eben alles neu. Es ließe sich hier sicher auch im Kleinen vieles verändern, was unserem Zeitwohlstandskonto (und unserem Geldbeutel) äußerst gut tun würde.

Die ‚Slow-food-Bewegung' setzt einen Kontrapunkt zur Beschleunigung unserer Nahrungsherstellung und zu all dem überflüssigen und nutzlosen Fast-food, das es in den Städten allerorts gibt. Nicht nur, dass es ungesund ist, sondern eben auch ohne bewusste Achtsamkeit verzehrt wird. Nur einfach herunterschlingen und weiter geht's.

Aber: Haben wir nicht selbst immer wieder neu die Wahl?

Kapitel 3
Timeout!
Zeit, umzudenken?
Veränderungen...

Was Dranbleiben, Lassen und Nichtstun vermögen

Was Achtsamkeit und Enthetzen erreichen

Wie Timeout und Umdenken wohltuend wirken

Wie Werkzeuge und Tipps im Lebensalltag eingesetzt werden können

Kapitel 3
Timeout! Zeit, umzudenken?
Veränderungen...

Immer mehr Menschen missbilligen das Tempodiktat und die Zeitsklaverei und widersetzen sich bewusst, denken um, entwickeln eigene Umgangsweisen und ihre eigene Philosophie zum Umgang mit Zeit.
Der in Österreich beheimatete „Verein zur Verzögerung der Zeit" hat in seinen Vereinsstatuten festgelegt: „Die Mitglieder verpflichten sich zum Innehalten, zur Aufforderung zum Nachdenken dort, wo blinder Aktivismus und partikulares Interesse Scheinlösungen produziert" (aus den Vereinsstatuten, www.zeitverein.com).
Viele dieser Mitglieder suchen ganz einfach einen anderen, gesünderen Umgang mit der Zeit und können sich der Solidarität der über tausend Mitglieder sicher sein.
Der Verein zur Verzögerung der Zeit ist derzeit der größte interdisziplinäre Zusammenschluss von Zeitexperten im deutschsprachigen Raum und sieht sich auch als künstlerischer und humorvoller Verein, der den herrschenden Beschleunigungstendenzen entgegentreten

möchte. Weiter heißt es: „In allen Lebensbereichen nehmen wir uns meist nicht mehr genug Zeit, um „reife" Entscheidungen zu treffen, müssen die destruktiven Nebenwirkungen dann ertragen und unsere Zeit häufig mit selbstverursachtem Krisenmanagement verbringen (...) Hier will der Verein zur Verzögerung der Zeit ein Gegengewicht setzen und das Individuum, aber auch Gruppen und Organisationen dabei unterstützen, wieder in die Zeit-Balance zu kommen" Und: „Wir nehmen uns viel ZEIT für den Humor, schließlich: Wer keine Zeit hat, hat nichts zu lachen – und zum Genießen kommt er erst recht nicht!"(ebd.).

Häufig fehlt Zeit für ruhige, längere Gespräche, denn es herrscht ja Zeitknappheit-jemand, der hingegen signalisiert, Zeit zu haben - mit dem kann ja etwas nicht stimmen, offensichtlich ein erfolgloser, nicht gefragter, uninteressanter, ja gar fauler Mensch? Echte und bedeutsame Verbindungen mit Menschen, in der Familie, mit Freunden, am Arbeitsplatz erfordern Zeit und die Bereitschaft, einander zuzuhören, aufeinander einzugehen usw. Diese ZEIT gewinnen zunehmend mehr Menschen dadurch, indem sie bewusst „einen Gang runterschalten", ihr Alltagsleben entschleunigen, da, wo es möglich ist und sie nicht mehr bereit sind, im Diktat des herrschenden Tempos mitzuhalten. Sie übernehmen die Kontrolle über ihre Zeit und ihre eigenen Lebensrhythmen und entfalten eine eigene Zeitkultur:

 *Ich bestimme, wie schnell etwas zu gehen hat. Jedenfalls dort, wo dies möglich ist.*

Nicht alles unterliegt ja bekanntlich unseren eigenen Einflussmöglichkeiten; jedoch zu erkennen, wo Sie selbst Einfluss haben, in welchen Bereichen SIE der Pilot sind und dies bislang nur noch nicht wahrgenommen hatten, das könnte ein wichtiges Ziel im Lebensalltag sein.

Wenn ich durch äußere Umstände genötigt bin oder selbst Lust habe, etwas rasch zu tun, dann bin ich schnell, und wenn ich etwas eher meditativ verrichten kann, dann langsamer. Das ist eine einfache Philosophie, die man verinnerlichen kann. Die buddhistische

Philosophie der Achtsamkeit hilft auch hier durch ein verändertes Bewusstsein, also auf einen anderen Blick auf die Dinge, Verbesserungen zu bewirken. Die innere Einstellung der Geduld und Gelassenheit ist bedeutsam für unser Tempo im Alltag. Die aktuelle Langsambewegung ist mehr als ein kultureller Trend (z.B. auch Slow Food usw.), sondern eine eigene Philosophie. Das Postulat, dass wir besser leben, wenn wir mehr produzieren, verbrauchen, konsumieren und arbeiten in einem höheren Tempo erfährt nicht nur für Globalisierungsgegner Folgen: Die gesellschaftliche und ökologische Entwicklung zeigt sich zunehmend als Einbahnstraße hin zur Erschöpfung bis zum Zusammenbruch – für die Ressource Erde als auch für den einzelnen Menschen. Das hohe Tempo und die ständige Rastlosigkeit verlangen eine viel zu hohe Anpassungsleistung des Einzelnen, was Stress und stressbedingte Erkrankungen verursacht. Wir spüren permanent eine latente Überreizung und eine Anspannung im gesamten Körper, und wir haben den Zugang zu unserem inneren Sein verloren. Ein unsteter, unruhiger Geist ist die Folge.

Doch zunehmend gibt es eine wachsende Minorität, die Langsamkeit und Entschleunigung dem herrschenden Tempo vorzieht. Auch der „Simplify your life" – Gedanke deutet diese Haltung an. Stille, Ruhe, Muße, Schweigen, ruhig dasitzen und aus dem Fenster sehen, Gedanken nachhängen, vertiefen, vorüberziehende Wolken beobachten und Gesichter hinein interpretieren, Tautropfen auf einem Blatt, Regentropfen lauschen…, das schenkt Ruhe im Innern. Den Autopiloten ausstellen und bewusst die Aufmerksamkeit auf den Augenblick, das Jetzt und auf Loslassen lenken.

Die permanente Berieselung durch die Medien, die zum Teil sehr aggressive Werbung und ein hoher Geräuschpegel wie z.B. Bau- und Autolärm vor allem in Großstädten schaden auf die Dauer unserer Gesundheit. Die fortschreitende und nicht mehr aufzuhaltende Digitalisierung ermöglicht ununterbrochen, up-to-date zu sein: Das beste Beispiel ist das Smartphone. Allzeit erreichbar sein zu wollen spiegelt auch eine Angst, etwas zu verpassen sowie das Bedürfnis des Individuums nach Wahrgenommen werden, nach wichtig sein (man ist wer, wenn man viele E-Mails, Handy-Anrufe usw. erhält). Kürzlich war ich in München mit der U-Bahn unterwegs: An jeder Haltestelle standen die Leute mit gesenkten Köpfen und tippten und wischten wie die Süchtigen auf ihren Smartphones. Und natürlich auch selbst in der U-Bahn schauten alle nur nach unten und wischten oder telefonierten lautstark, sodass alle Fahrgäste in unmittelbarer Nähe mithören mussten - es wird viel gequatscht, aber immer weniger wirklich miteinander geredet – ein absolutes Paradoxon.

Hier kommen wir wieder zu dem Punkt hin, den ich bereits beschrieben habe. Im tieferen psychologischen Verständnis handelt es sich um Selbstvergewisserungsprobleme: Ich simse dauernd, ich telefoniere dauernd, schreibe und checke laufend meine E-Mails - ich handle, also bin ich. Für viele Menschen ist es gar nicht auszuhalten, mal abgeschnitten zu sein von allem. Gleichzeitig beklagen sich viele Menschen immer wieder über die moderne Kommunikationstyrannei – warum lassen wir uns so instrumentalisieren? Und warum ändern wir es dann nicht? Sind wir nicht selbst Herr/in darüber, wie wir unsere Zeit nutzen, jedenfalls da wo dies möglich ist?

Zukunftsforscher meinen, dass sich in den nächsten zehn bis zwanzig Jahren immer mehr Menschen ganz bewusst dieser Spirale entziehen werden: Diese Menschen wollen wieder mehr Lebensqualität erlangen, mehr eigene Qualitätszeit haben, „weniger ist mehr" leben, ihren Alltag vereinfachen, Ruhe spüren. Leben. Natur. Einfach gut leben.

Ich werde nie vergessen, was eine Workshop-Teilnehmerin nach dem Seminar (dann doch recht beschämt…) erzählte: Am Bahnhof angekommen, um zum Seminar zu reisen, fiel ihr auf, dass sie ihr Handy zuhause vergessen hatte. Daraufhin kaufte sie sich am Bahnhof ein Ersatzhandy. Enttäuscht stellte sie am Ende des Workshops fest, dass sich während des gesamten Wochenendes kein Mensch bei ihr gemeldet hatte.

Man kann sein Leben nicht an einem Tag ändern, aber die Richtung.

Die Teilnehmerin beschloss jedenfalls sofort, ihre Richtung zu verändern…

Sich Zeit nehmen, um über den eigenen Umgang mit Zeit nachzudenken -

Vielleicht hilft Ihnen auch die folgende kleine Übung zum Bewusstwerden:
WEM gehört eigentlich Ihre ZEIT?
Nehmen Sie sich ein großes DIN A 5 Blatt Papier und versuchen Sie einmal, den Verlauf einer typischen Woche Ihrer Zeit bildlich darzustellen. Wo gehen die einzelnen Stunden und Tage hin? Was gehört zum Arbeitsplatz, was zum privaten Leben, was zur Familie, zu Hobbys, zur Hausarbeit, zum Einkaufen usw. Sie werden staunen, was Sie feststellen können. Sie können auch die energieraubende Zeit mit roter Farbe malen oder darstellen und die energieschenkende Zeit mit grüner Farbe. Sie werden auch Lücken entdecken, die Sie zukünftig vielleicht anders füllen könnten, z.B. mal mit NICHTSTUN.

Für viele Menschen ist dieses Üben im Nichtstun harte Arbeit, weil wir es so gar nicht gewohnt sind. Nichtstun wird häufig mit Faulheit und Trägheit assoziiert. Doch schon Cicero wusste:

 *Der ist kein freier Mensch,
der sich nicht auch einmal dem
Nichtstun hingeben kann.
Marcus Cicero, römischer Philosoph*

Denken Sie auch manchmal: „Eigentlich muss es doch noch was andres geben im Leben"! „Soll das alles gewesen sein?" Haben Sie auch manchmal das Gefühl, niemals genug Zeit zu haben, immer „hinterherzuhinken" mit den notwendigen Erledigungen? Haben Sie manchmal oder oft ein schlechtes Gewissen und das Gefühl, Ihre Aufgaben nicht zu schaffen, beruflich, privat, oder beruflich und privat? Fühlen Sie sich oft innerlich leer, sind manchmal niedergeschlagen, traurig? Sie wünschen sich ein anderes Leben, eines, das mehr Ihren Bedürfnissen entspricht: mehr Freiheit, mehr Freizeit, mehr Nähe zu sich selbst und zu anderen. Und mehr Sinn.

Ich habe dieses Buch geschrieben, weil ich oben genanntes auch alles selbst aus meinem Leben kenne. Bis der Leidensdruck zu groß wurde und ich nicht mehr so weitermachen wollte. Da habe ich mein Leben vollständig geändert (mehr dazu S. 130). Das geht doch gar nicht? Das kann nicht jede(r)? Auch bereits in kleinen, oft unscheinbaren Schritten lassen sich schon Veränderungen in den Alltag einbauen, und letztlich können manche evtl. auch einen großen Schritt wagen.

Bei Vorträgen und in Workshops treffe ich immer mal auf Einzelne, die alles in Frage stellen, die sehr verzweifelt sind und daher behaupten, nicht das Geringste ließe sich in ihrem Lebensalltag ändern, das sei für sie nicht möglich. Sie klagen ununterbrochen und sind gefangen in ihrem Netz der Klagerei. Manche haben zwar tatsächlich momentan ein sehr belastetes Leben mit vielen Verpflichtungen, doch lassen sich überall auch kleinere Lücken entdecken, die anders gehandhabt werden können.

Andere wiederum sind begeistert und machen sich gleich noch im Workshop auf den Weg, versuchen das Gehörte und Erarbeitete direkt in kleinen Übungen umzusetzen, es auszuprobieren, etwas neu zu gestalten. Viele Menschen äußern in den Gesprächen ihre Angst, immer weiter vom eigentlichen Kern ihres Daseins weg zu driften, sie möchten sich nicht weiter in die sich nach oben drehende

Spirale der hektischen Welt eindrehen lassen, einem Gefühl der Sinnlosigkeit, der Entfremdung vom Wesentlichen und dem Konsum von Unnützem entgehen; sie spüren einen Mangel in ihrem Dasein und suchen Wege aus diesem Zustand, sie beginnen, Neues zu denken und neu zu handeln.

Die stille Revolution

Vielleicht machen auch Sie sich auf den Weg zu einer Reise, Ihr Leben von jetzt an in kleinen Schritten anders zu gestalten, vielleicht einiges zu vereinfachen, und gewinnen dadurch mehr Lebensfreude, mehr Zeit für sich und Ihre Lieben, mehr Zufriedenheit. Immer mehr Menschen begeben sich auf diesen Weg der inneren Erneuerung. Dieser Prozess wird auch als die ‚stille Revolution' bezeichnet, da sie keinen Lärm macht und doch viel bewegt. Viel wird hier bewegt, verändert, verbessert, ganz individuell im persönlichen Leben, am Gesundheitszustand, in Beziehungen, im Arbeitsleben, im Lebens- und Nachbarschaftsbereich. Diese Menschen haben begonnen, sich im persönlichen

Verbrauch einzuschränken, auch mit allzu vielen Aktivitäten in ihrem Zeitplan/Kalender, sie leben bewusster, haben einen oder gar zwei Gänge zurückgeschaltet und bewegen sich insgesamt auch langsamer fort. Sie haben herausgefunden, dass sie weniger (oder etwas anderes) arbeiten und dadurch mehr Freizeit haben möchten und sie haben ihre ökonomische Situation überdacht und verwandelt. Sie haben sich ihre eigenen Gedanken dazu gemacht, was für sie wirklich wichtig ist im Leben, und sie haben neue Weichen gestellt. Sie haben sich gefragt: „Wie weit soll diese Jagd noch reichen?", „Ist es wirklich das, was wir wollen und uns glücklich macht"? „Könnten wir auch anders leben, und wenn ja, wie"? Diese Überlegungen und Gespräche geschehen meist eher lautlos, still, zwischen Partnern, guten Freunden, vertrauensvollen Kollegen.

Vielleicht machen auch Sie sich auf den Weg, ein Teil dieser stillen Revolution zu sein und die Welt – bzw. Ihre Welt - liebens- und lebenswerter zu gestalten, so wie Sie sich diese wünschen. Beginnen Sie gleich heute mit einem kleinen Schritt. Dabei hilft es, weniger ausgetretene Wege zu gehen, die alten Pfade der Gewohnheiten zu verlassen und Neues zu versuchen, wie es der amerikanische Dichter Robert Frost formulierte:

Im Wald zwei Wege boten sich mir dar, und ich nahm den, der weniger betreten war, und das veränderte mein Leben.
Robert Frost

Ich weiß, man ist zuerst verunsichert auf neuen Wegen, aber schon bald stellt sich ein vertrautes Gefühl ein, besonders dann, wenn Sie kleine Erfolge wahrnehmen. Wenn es für Sie finanziell möglich ist, könnten Sie z.B. an Ihrem Arbeitsplatz mit Ihrer/Ihrem Vorgesetzten sprechen und erfragen, ob Sie einige Stunden Ihrer Arbeitszeit pro Woche reduzieren können, um mehr freie Zeit zu erhalten. Oder sich eine Haus- oder Gartenhilfe einkaufen. Mein Kollege und seine Frau haben z.B. beschlossen, alle Oberhemden bügeln zu lassen – die so freie Zeit wird in der Familie sinnvoll verbracht. Oder Sie beschließen in der Familie, ab sofort z.B. jeden Samstag TV- und Handyfrei zu verleben. Kleine Schritte mit großer Wirkung.

Alles hat seine Zeit...

der Flug der Wildgänse
und das Gras

 *Das Gras wächst auch nicht schneller,
wenn man daran zieht.
aus Afrika*

Manchmal sind wir sehr ungeduldig und können nichts mit Ruhe und Gleichmut abwarten.
Als Vorbild dient uns hier die Natur: Bäume entlassen ihre Blätter dann, wenn ihre Zeit gekommen ist, vom Ast loszulassen und zur Erde zu segeln.

Kennen Sie das? Wenn z.B. Blüten einer Pflanze wie bei einer Orchidee verblüht sind und etwas schlapp herunterhängen, ist man geneigt, diese abzuzuppeln. Aber sie sind noch nicht richtig reif zum Abfallen, denn die Pflanze hat ihren eigenen Rhythmus und lässt dann los, wenn alle Nährstoffe von der Pflanze aus der Blüte gezogen sind und sie somit losgelassen werden kann.

Dranbleiben

Die Kunst besteht darin, die kleinen Schritte anzuerkennen und realistisch zu sehen, dass alles seine Zeit braucht. Wir geben oftmals zu schnell auf, fallen in alte Gewohnheiten zurück, bleiben gefangen in unseren alten Mustern wie die Fliege im klebrigen Netz der Spinne. Alte Gewohnheiten, langjährig praktiziert, können ein Klotz am Bein sein, ein Stolperstein für gute und nützliche Veränderungen.

So war es beispielsweise viele Jahre Tradition, dass am 2. Weihnachtsfeiertag alle lieben Freunde, mit denen wir durch das Jahr enge Freundschaften pflegten, abends zu uns zu einer Feuerzangenbowle kamen. Ja, es waren schöne, lustige Abende, vergnüglich und nährend. Aber irgendwann war es mir zu viel und ich dachte: Immer ist dieser Abend so fest verplant. Man muss auch mal mit Traditionen brechen. Wir sagten für das nächste Mal ab und siehe da, ab sofort hatten wir am 2. Weihnachtsfeiertag freie Zeit, niemand war beleidigt, ja, vielleicht enttäuscht, aber das haben wir dann eben auch akzeptiert. Die Freundschaften selbst haben jedoch keinen Schaden genommen. Es wurde sogar Verständnis und Wohlwollen ausgedrückt. Es tut einfach gut, sich auch mal für sich selbst etwas zu trauen und nicht immer den Erwartungen anderer entsprechen zu wollen.

Dranbleiben und die kleinen Fortschritte wahrnehmen und wertschätzen, den Fokus nicht aus den Augen verlieren.

Vielleicht kennen Sie ja folgende Metapher: **Ein Mann stoppt einen Straßenmusiker in den Straßen New Yorks und fragt ihn: „Wie komme ich zur Carnegie Hall?" Der Musiker abtwortet: „Üben, üben, üben."**

Denken Sie immer an die Belohnungen und Vorteile für Ihr Alltagsleben, wenn Sie erst einmal Ihr gestecktes Ziel erreicht haben und überwinden Sie den Drang, aufzugeben (der sich ja manchmal einschleicht). Auch schon kleine Fortschritte machen Mut und zeigen, dass Veränderungen möglich sind. Unser Gehirn braucht ca. 4 Wochen, um eine neue Gewohnheit einzuüben.

Wenig ist besser als Nichts.

Kulturelle Unterschiede in der Wahrnehmung von Zeit

Sicher waren Sie schon einmal in Ihrem Urlaub in einem Land, in dem die Uhren scheinbar langsamer gehen, die Menschen auf die Bremse treten und bei Ihnen den Eindruck hinterlassen haben, dass es dort einfach gemächlicher, langsamer, geruhsamer vor sich geht. Denken Sie an die wegen der Mittagshitze notwendige Siesta in den südlichen Ländern, wo alle Geschäfte geschlossen, die Menschen ausruhen und die Städte ruhiger sind; oder an manche nördlichen Länder wie Schottland, Irland oder Skandinavien, wo die Menschen auch hier alles etwas langsamer angehen, obwohl auch diese Länder hochindustrialisiert sind und es Zeitdruck, Zeitnot und Stress gibt. In unseren Breitengraden diktiert die Uhr den Tagesablauf und die Zeitmessung. Ein Workshop-Teilnehmer aus Uganda äußerte einmal zu diesem Thema: „Wenn ich zuhause Freitag um 16 Uhr irgendwo sein soll und ich komme Samstag um 17 Uhr, da sagen alle ‚Schön, dass Du da bist!'. Wenn ich hier Freitag um 16 Uhr irgendwo sein soll und ich komme um 16.30 Uhr, da sagen alle mit Hinweis auf die Uhr: ‚Du bist zu spät'".

Ihr habt die Uhren,
wir Zeit.
Ein Haitianer zu einem Weißen

Hetze im Alltag macht unzufrieden, atemlos, innerlich getrieben, dann fühlen wir uns unzufrieden und leer. Sie werden spüren, wie wohltuend und angenehm es ist, im Berufs- und Lebensalltag immer mal wieder vom Gas zu gehen und sich durch achtsame und bewusste Aufmerksamkeit auf den gegenwärtigen Moment zu fokussieren.

Achtsamkeit ist ein Angebot ganz konkreter Möglichkeiten und kleiner Übungen, nährende Pausen im Alltag zu machen hin zu mehr Entspannung und Wohlbefinden, innerer Sammlung und Zentriertheit.

*Alles ist fremdes Gut,
nur die ZEIT ist
unser Eigen.*
   Seneca

Irrt der Philosoph und Dichter Seneca hier? Ist die Zeit denn tatsächlich unser Eigen?
Ich habe ja bereits beschrieben, wie wir alle im Alltag unsere Herausforderungen und Pflichten zu erfüllen haben, im Berufsleben Leistung erbringen müssen und stets gefordert sind. Wie also können wir uns unsere Zeit zu Eigen machen?

Aber Seneca sagte auch einmal:
„Es ist nicht zu wenig Zeit, die wir haben, sondern es ist zu viel Zeit, die wir nicht richtig nutzen."
Haben wir gelernt, Zeit ‚richtig' zu nutzen?
Etwa in der Schule oder in unserer Ausbildung?

Wie geht das – die Zeit ‚richtig' nutzen?

Es gibt doch einige Möglichkeiten, dem ‚richtigen' Nutzen der Zeit auf die Schliche zu kommen. Das meint, dass **Sie** sich mit dem, was Sie tun oder lassen, zufriedener, ausgeglichener und glücklicher fühlen, sich vielleicht auch ab und zu mal selbst auf die Schulter klopfen und sich wertschätzen dafür, was Sie verändert haben in Ihrem Alltagsleben – oder jedenfalls auf einem für Sie guten Weg sind.

Wenn Sie z.B. das nächste Mal denken: „Ich habe keine Zeit" oder ähnliches, dann ändern Sie bitte den Gedanken in: „Ich habe zu viel, was ich soll oder selbst möchte". Notieren Sie diesen Satz auf einem Blatt Papier, hängen sie dieses gut sichtbar auf und lesen sie dies wenn möglich mehrmals täglich. So verändert sich Ihr Fokus, und nur solange man seinen Fokus auf die Zeit als ein Problem richtet, passiert nichts zu Ihrem Guten. Aber wenn Sie beginnen, den Fokus auf Ihre Vorhaben, Pläne, Projekte, Unternehmungen, Pflichten usw. zu richten, kann sich etwas verändern. Vielleicht nicht sofort, aber doch bestimmt auf längere Sicht. Ein Zauberwort ist auch hier: Üben, dranbleiben und auch mal was lassen, Liegenlassen, Loslassen, Abwählen.

Man braucht Zeit, um jung zu werden.
Picasso

Enthetzen und Entschleunigen
Das eigene Bild von ZEIT ändern

Die meisten Menschen sehen Zeit als etwas, das vergeht, „die Zeit geht schnell rum", „wie die Zeit verfliegt", „wo ist nur die Zeit hin" usw. Man hat die Vorstellung, dass Zeit etwas ist, das verschwindet, Zeit, die zerrinnt, die etwas begrenzt, als etwas, auf das man aufpassen muss. Zeit ist jedoch eine ungeheure Ressource, Zeit ist etwas, das kommt. Nach jeder Stunde kommt ein neue, nach jedem Tag ein neuer usw. Ändert man die Vorstellung von Zeit in diese Richtung, hat man ein Bild auf Zeit als etwas, das zu einem kommt, und das nicht aufhört damit. D.h. Zeit ist also eine große, unerschöpfliche Ressource, die es zu gestalten gilt. Leben im Augenblick und von einem Augenblick zum anderen ist eine Kunst, die erlernt werden kann.

Die drei W's – WWW

Jeder möchte immer Zeit sparen hier und da, aber wofür nutzen? Was tut man mit gesparter Zeit? Und was nutzt es, immer mehr in kürzerer Zeit zu schaffen, wenn Sie doch nicht das erreichen, was Ihnen am Herzen liegt. Also ist es ein erstrebenswertes Ziel, für sich selbst herauszufinden, **W**as **W**irklich **W**ichtig ist für Sie selbst und in welche Richtung Ihre Reise gehen soll. Wenn Sie also in der Lage sind, das zu tun oder zu lassen, was im Rahmen Ihrer WWW's liegt, dann sind Sie im inneren Lot und haben Ihre Zeit sinnvoll genutzt. Was liegt Ihnen wirklich am Herzen? Eine kleine Übung hilft auch hier:
Finden Sie einen ruhigen Platz und notieren Sie auf einem Blatt Ihre WWW's, also Ihre ganz persönlichen wirklich wichtigen Menschen, Situationen, Zustände, Werte usw. Sie können diese Übung auch mit einem Menschen Ihres Vertrauens durchführen. Dann prüfen Sie bitte, ob es Ihnen in Ihrem Lebensalltag doch mehrheitlich gelingt, nach diesen Herzensanliegen zu leben (von den üblichen Schwankungen abgesehen) und wo Sie evtl. justieren können.

Z.B. mal wieder mit Ruhe und Muße einen Sonnenuntergang betrachten (es muss nicht unbedingt am Meer sein).

Leben im Jetzt. Leben im Augenblick. Leben im Heute. Zeit ist genug da. Erfüllte Zeit leben. Zeit ist im Überfluss vorhanden. Wählen Sie. Ihre Wahl beeinflusst Ihre Zukunft. Beeinflussen Sie die Richtung Ihres Lebens. Die meisten Menschen sind sich ihrer Einflussmöglichkeiten gar nicht so klar bewusst. Die allerwichtigste Erkenntnis ist daher, <u>sich selbst</u> als den richtungsweisenden Faktor zu erkennen.

> **ZEITBLICK**
>
> *Zeitlose Zeit.*
> *Erfüllte Zeit.*
> *Genügend Zeit.*
> *Zeitwohlstand.*
> *Zeit im Überfluss.*
> *Im Fluss der Zeit.*
> *Fließende Zeit.*
> *Zeitlose Zeit.*

Stille und Schweigen als Zeit für sich selbst

Die Suche nach Stille und innerer Ruhe ist in wachsendem Grade bei vielen Menschen in ihrem geschäftigen, hektischen Alltag heute besonders wichtig geworden. Die Ansprüche im Berufs-, Familien- und Lebensalltag zehren an der individuellen Substanz, Zerstreuung und Unterhaltung lauern überall. Viele meinen, dass überhaupt keine Zeit für einen selbst bleibt, für Zeit, um alleine zu sein und Stille überhaupt zu hören und genießen zu können. Dabei ist diese ‚innere Stille' in uns immer vorhanden – viele haben nur den Weg dorthin vergessen oder verloren.

Manche haben auch Angst vor Stille, sind vor allem in den großen Städten einen ständigen Geräuschpegel gewohnt und haben sich ganz daran gewöhnt. Stille kann dann bedrohlich wirken, weil plötzlich etwas Normales fehlt oder sie nicht das mögen, was die Stille aus dem Inneren erzählt und preisgibt.

In der Stille reifen die großen Dinge.
aus China

Sich in Harmonie befinden mit der inneren Stille ist ein Geschenk und erweitert die persönliche Bewusstseinsfähigkeit. Alle Kreativität sowie die Lösung von Problemen entstehen häufig in der Stille. Die Stille ist das einzige in der Welt, das keine Form hat. Weisheit entsteht mit der Fähigkeit, still zu sein. Nur zu sehen, zu hören, wahrzunehmen, still zu sein, bereichert und lässt uns nach innen schauen. Stille macht auch erst das Hören möglich. Hören nach innen und von innen heraus.

Seit vielen Jahren besuche ich in jedem Frühling in einem Kloster gemeinsam mit meinen beiden ältesten Freundinnen ein spirituelles Yoga-Seminar. Ca. 80 bis 90

Übende sitzen auf den Matten und – man hört keinen Ton. Man könnte die sprichwörtliche Stecknadel fallen hören. So viele Menschen in einem Raum und eine tiefe Stille breitet sich aus, jeder ist ganz bei sich, hört geistigen Vorträgen zu verschiedenen Themen zu und horcht in sich hinein. Ein wirklich beeindruckendes Erlebnis. Gemeinsam Stille zu erleben ist nochmals ein zusätzliches Geschenk.

Vom Abwählen, Zuwählen und Lassen

Bei einigen Leserinnen und Lesern taucht nun sicher die Frage auf: „Aber wie finde ich denn die Zeit für all das, was mir wichtig ist"? Ja, wie bereits gesagt, Zeit ist für alle gleich vorhanden, niemand hat mehr Zeit als andere zur Verfügung. Die Antwort liegt in der Fähigkeit, bewusst und zielgerichtet wählen zu können und Prioritäten zu setzen nach Ihren WWW's. Das heißt also, Sie müssen gegebenenfalls etwas abwählen, um auf der anderen Seite etwas zuwählen zu können. Wenn Sie sagen, sie hätten keine Zeit für regelmäßige Ruhepausen, etwas tägliche Bewegung und gemütliches Beisammensein mit denjenigen, die Ihnen viel bedeuten, dann heißt das ja auch, dass Sie in der Stressfalle bleiben und dann evtl. mal sehr viel Zeit (und seelische Kraft) für die Folgen aufbringen müssen. Immer wieder höre ich von langen Krankheitszeiten und wochenlangen Kuraufenthalten von Teilnehmenden in den Workshops, die sich im Beruf total verausgabt, stets über ihre Grenzen gelebt und sich nie richtig Zeit für sich selbst genommen haben. Sie konnten auch überhaupt nicht mehr entspannen und mussten dann nach einem Zusammenbruch viele Wochen und Monate doch ganz viel Zeit haben, um wieder auf die Beine zu kommen. Diese Menschen haben über einen längeren Zeitraum Raubbau mit ihren Ressourcen getrieben und ständig über ihre eigenen Grenzen gelebt, nicht mal nur ab und zu. Lassen Sie es nicht so weit kommen.

Was ich ja schon lange mal wollte...

Ich höre oftmals Äußerungen wie:
„Für mich müsste der Tag 48 Stunden haben", „Ich schaffe nie das, was ich mir vorgenommen habe", „Alle greifen nach mir, so viele Hände, die Kollegen, die

Vorgesetzten, meine Kinder, meine Partnerin/mein Partner, meine Eltern, Geschwister, Freunde – und wo bleibe ich?" und „Nie hab' ich genügend Zeit, mal das zu tun, was FÜR MICH wichtig ist".

> **ZEIT
> ist heute zum
> Luxusgut geworden.**

Gerade Eltern noch kleinerer Kinder, besonders alleinerziehende Mütter und Väter, Fachkräfte in Führungspositionen und diejenigen von Ihnen, die eine hohe Stundenwoche haben, kennen die eigenen unerfüllten Wünsche. Das können kleinere oder auch größere Wünsche sein, die immer mit ZEIT zu tun haben, da diese ja Mangelware im Alltag ist. Endlich mal dies oder jenes Buch lesen, mal Nordic Walking am Wochenende oder mal einen völlig freien Tag ohne Zeitstruktur genießen, egal.
Hegen Sie schon seit längerem unerfüllte Wünsche, mehr Zeit für sich selbst betreffend?
Die folgende kleine Übung hilft Ihnen vielleicht dabei, sie sich zu erfüllen.

Persönliche Wünsche

Bitte denken Sie in Ruhe darüber nach, was Sie schon längere Zeit gerne einmal unternehmen/durchführen/erleben wollten, wozu Sie – aus welchen Gründen auch immer – nicht gekommen sind (z.B. mit einer Freundin ins Café gehen, mal ins Kino gehen, schwimmen gehen, einen Waldspaziergang machen, mit einem früheren Schulkameraden ein Bier trinken, mal wieder zum Handball, Badminton spielen, ein bestimmtes Buch lesen, ein Saunabesuch, Massagen o.ä.).
Bitte notieren Sie **5** Wünsche:

1.

2.

3.

4.

5.

Sie können auch Prioritäten setzen mit 1, 2 usw. hinter den einzelnen Aussagen.
Aufgabe:
Bitte tragen Sie nun einen der Punkte in Ihren Kalender für die nächste oder übernächste Woche ein! Haben Sie sich dann diesen langgehegten Wunsch erfüllt, nehmen Sie sich den nächsten Wunsch vor usw. Reservieren Sie stets auch Zeit für sich selbst in Ihrem Kalender.

In den Workshops funktioniert die Übung sehr gut mit dem Coaching-Modell. Die Teilnehmenden suchen sich aus der Gruppe eine/n Coach. Diese/r hat die Aufgabe, sein Gegenüber nach zwei, drei Wochen durch persönliche Ansprache, per E-Mail, SMS, Telefonanruf oder auch WhatsApp, das ist eigentlich egal, zu kontakten, weiter zu begleiten und nachzufragen, ob der Wunsch erfüllt wurde und wie es sich anfühlt, sich den Wunsch erfüllt zu haben. Ist das Vorhaben nicht gelungen, sollen die Gründe hierfür nachgefragt und Vorschläge entwickelt werden, wie der Wunsch doch noch umgesetzt werden kann. Immer wieder erfahre ich dann später, dass gerade dieses Coaching sehr hilfreich gewesen sei, da man innerlich ein wenig in ‚Zugzwang' komme. Und so kann man eine Kollegin oder einen Freund über Monate direkt dabei begleiten, sich auch endlich selbst wichtig zu nehmen und in den Mittelpunkt zu rücken.
Bitte suchen Sie sich auch eine/n Coach in Ihrer Umgebung.

Der Sinn in dieser Übung liegt darin, seine eigenen Wünsche, Bedürfnisse, Vorhaben genauso wichtig zu nehmen (eigentlich auch noch wichtiger) und sich mit sich selbst zu verabreden. Sind Sie es sich wert. Schließlich wollen Sie gesund bleiben und noch lange mit Arbeits- und Lebensfreude Ihr Dasein bereichern.

Eine Workshopteilnehmerin kam einmal in der Pause ganz aufgewühlt auf mich zu und erzählte, dass sie sich jetzt durch diese Übung vorgenommen habe, mit ihrem Sohn endlich mal ein Wochenende am Meer zu verbringen:

Danach erhielt ich eine E-Mail von ihr. Sie schrieb, dass sie darüber sehr glücklich sei, dies endlich einmal habe wahr werden lassen.

Es gibt immer mal wieder Schilderungen von Mitarbeitenden aus Hospizen, die sterbende

Menschen begleiten. Die australische Krankenschwester Bonnie Ware führte Gespräche mit Sterbenden und fragte diese, was sie denn am meisten in ihrem Leben bereuen würden oder gerne anders gehandhabt hätten. Sie kristallisierte fünf Hauptaussagen heraus:

- Ich wünschte, ich hätte den Mut gehabt, mir selbst mehr treu zu bleiben, als so zu leben, wie andere es von mir erwartet haben.

- Ich wünschte, ich hätte nicht so viel gearbeitet.

- Ich wünschte, ich hätte den Mut gehabt, meinen Gefühlen stärker Ausdruck zu verleihen.

- Ich wünschte, ich hätte den Kontakt zu meinen Freunden gehalten.

- Ich wünschte, ich hätte mir mehr Freude gegönnt (vgl. Ware 2015)

Das stimmt nachdenklich, oder?

 *Nimm dir jeden Tag die Zeit, still zu sitzen und auf die Dinge zu lauschen. Achte auf die Melodie des Lebens, welche in dir schwingt.*
   Buddha

Immer nur den Erwartungen anderer zu entsprechen macht unzufrieden und raubt Energie. Und niemand wird am Ende unseres Lebens mal das Fazit ziehen: „Ach, hätte ich doch nur mehr gearbeitet!" Und wenn wir auf dem Hochseil balancieren und fallen ist unter uns ein tragendes Netz gespannt von unserer Familie und unseren engsten Freunden, die uns besonders in schwierigen Zeiten auffangen, für uns da sind und uns begleiten. Liebe Kontakte pflegen und Lebensfreude spüren, gerade auch im alltäglichen Dasein an den scheinbaren Kleinigkeiten, die uns allzeit umgeben – das ist Lebenskunst.

Nehmen Sie sich besonders Zeit hierfür.

Die Wahrnehmung von verschwendeter Zeit

Es gibt viele Situationen im Alltag, wo wir die Wahrnehmung haben, dass uns andere die Zeit stehlen, z.B.

- Kennen Sie endlose Meetings mit viel Geschwafel von Menschen, die sich stets selbst gerne reden hören?
- Unpünktlichkeit von anderen, die Ihre Zeit stehlen (Pünktlichkeit ist ja bekanntlich die Höflichkeit der Könige)?
- Oder Menschen, die grundsätzlich immer unpünktlich kommen?
- Endlose Telefonanrufe mit der präzisen Schilderung von Details eher unwichtiger Dinge?
- Ein Besuch, der einfach nicht nach Hause gehen möchte? Usw.

Es gibt jedoch auch die Verschwendung von eigener Zeit, für die wir selbst verantwortlich sind, z.B. stundenlang im Netz surfen, alles auf Facebook posten und nachsehen, was andere gepostet haben, ständig TV schauen usw. Dies geschieht eigentlich dann, wenn unser Tun oder auch Lassen keinen wirklichen Wert für uns hat. Es geht hier z.B. nicht darum, das

TV generell zu verdammen oder dass man nicht einmal einen Sonntagnachmittag auf dem Sofa verbringen, TV sehen und dabei völlig abschalten kann. Es ist nur dann problematisch, wenn dies zur Dauerbeschäftigung wird, wenn wir ständig und nur noch vor der Flimmerkiste hängen und uns berieseln, unterhalten lassen, **dabei jedoch ständig über Zeitnot klagen.**

Schauen Sie sich einmal in Ruhe folgende Rechnung an:

Möchten Sie gerne 9 freie Arbeitswochen mehr im Jahr? – Ein Beispiel
Wer möchte das nicht?
Wie oft sehen Sie TV? Statistiker haben berechnet, dass der durchschnittliche Mensch in den westlichen Industrienationen ca. 3-4 Stunden vor dem Fernsehen verbringt – pro Tag (Nachrichten eingerechnet). Mal mehr, mal weniger. Tendenz steigend.
Aber nein, wir haben ja alle keine Zeit.

Wenn Sie nur **eine** Stunde weniger pro Tag fernsehen, gewinnen Sie **365 freie Stunden** im Jahr (Durchschnitt) – und das sind ca. 9 Arbeitswochen.

Ich weiß, diese Rechnung ist fiktiv, im Urlaub sehen Sie kaum TV, und es gibt Feste in der Familie und im Freundeskreis, und dann ist man ja auch mal krank und hat überhaupt keinen Sinn für Fernsehen, aber wenn Sie ehrlich mit sich selbst sind und sich einmal die tatsächliche Zeit notieren, die Sie pro Woche vor dem Gerät sitzen (oder liegen), dann werden Sie erkennen, dass obige Rechnung nicht übertrieben oder gar an den Haaren herbei gezogen ist. Viele Leserinnen und Leser werden erschrecken, wenn Sie diese Rechnung aufmachen.

9 Arbeitswochen zusätzlich frei im Jahr – wie viele Bücher könnten Sie dann lesen, Gespräche mit Familie und Freunden führen, gemeinsam spielen, einfach nur entspannen, schwimmen, Fußball spielen, in die Sauna gehen, Bilder malen, Brot backen, mal wieder richtig schöne alte Briefe schreiben, spazieren gehen, Entspannungsübungen durchführen, Meditieren, Verwandte besuchen, Museen besichtigen, Hobbykurse belegen und und und - oder einfach mal NICHTS tun.
Entspannend ist das TV schon, man kann abschalten, loslassen, sich einfach mal berieseln lassen, aber es bringt Ihnen keinen

Energieschub für den Alltag. Sie können also Ihr persönliches Zeitkonto rasch aufstocken, wenn Sie Ihren TV-Konsum etwas herunterschrauben und auch das Surfen im Internet verringern.

> **Was hilft?**
> - Wählen Sie vorher aus, was Sie gerne sehen möchten und stellen Sie das Fernsehgerät erst an, wenn die Sendung beginnt;
> - Versuchen Sie, nicht mehr als 1 bis 1 ½ Stunden am Tag vor dem TV zu verbringen;
> - Interessante Sendungen kann man auch programmieren, aufnehmen und sich dann mal ansehen, wenn man z.B. krank ist, sich nicht so gut fühlt oder gerade ganz viel Freizeit hat;
> - Schieben Sie TV-freie Tage ein.

 *erfüllte Zeit – nicht gefüllte Zeit*

Zeit ist keine fremde Herrschaft, keine Macht über uns, die uns zwischen den Fingern zerrinnt. Wir sind auch keine Herrscher über unsere Zeit, da unsere Zeit endlich ist und wir nicht wissen, wann wir gehen, wann wir von dieser Welt Abschied nehmen. Sie ist also nicht unser Besitztum und Zeit bleibt eine unberechenbare Größe in unserem Leben. **ER**füllte Zeit kann man nicht kaufen, in keiner Stadt der Welt. ZEIT ist also uns geschenkte Lebenszeit, eine Gabe und eine Gnade, das wertvollste Gut, das wir geschenkt bekommen haben.

Viele Menschen schieben die „freie Zeit", ihre Erholung und Entspannung auf Ferien, Urlaub oder ein langes Wochenende auf. „In drei Wochen habe ich Urlaub, dann…" Was geschieht dann jedoch häufig? Sie werden krank, das Immunsystem versagt und sie können die dann freie Zeit gar nicht genießen.

Daher ist es segensreich, sich jeden Tag der Woche etwas freie Zeit zu nehmen, sich zu erholen und Zeit zu genießen als das, was sie ist: ein Geschenk. Es zählen die Tage und Wochen zwischen den Urlauben, damit Sie mit Freude eine erfüllte Zeit leben und Energie tanken können – bildlich gesprochen: Von einer leeren Kanne kann man nichts ausgießen, das Feuer braucht Brennstoff, wenn es uns (und anderen) Wärme spenden soll. Ich weiß, es fällt vielen Menschen schwer, sich ganz weit nach oben auf die Prioritätenliste zu setzen: das ist egoistisch, zu sehr Ich-bezogen und kollidiert mit Ihren Werten. Aber Sie können auf Dauer nur gesund und leistungsfähig bleiben – in der Familie wie im Beruf – wenn Sie in sich selbst ruhen und ein ausgeglichener Mensch sind.

Das ist also eine win – win – Situation für alle.

Die unersättlichen Zeiträuber

Viele Menschen sind heutzutage im Spinngewebe der sogenannten sozialen Netzwerke gefangen – ohne Facebook ist man schnell ein Outsider (ich bin gerne ein Outsider).
Ständige, z.T. laute Informationsüberflutung, musikalische Berieselung, Aktualisierung, Unterhaltung, im TV eine Show nach der anderen und Morde auf jedem Kanal – macht das Sinn? Wir vergessen uns selbst und

andere, die uns wichtig und wertvoll sind, oder wir vergessen das, was wir uns eigentlich für uns selbst vorgenommen haben.

Zeiträuber kommen meistens im freundlichen Kostüm daher, verkleidet, sodass man sie nicht gleich oder sogar lange Zeit nicht erkennt. Sie schleichen sich ein wie Einbrecher in der Nacht und stehlen Ihnen Ihre kostbare Zeit. Kostbar für Sie sind ja Ihre WWW's, also Ihre wirklich wichtigen Menschen, Angelegenheiten, Werte, die Sie ausgeglichener, glücklicher, zufriedener machen würden. Also Zeit, die Sie gerne zur Verfügung hätten und nutzen würden, wenn da nicht diese Zeiträuber wären.

(Abb. in Boëthius/Zellweger 1986, S. 123).

Hier noch eine kleine Übung dazu, die Sie gerne mit Kollegen, Partnern, Freunden usw. durchführen können. Diese haben erfahrungsgemäß immer noch andere, vielleicht auch lustige Ideen zum Umgang mit Zeiträubern. Tauschen Sie sich darüber aus und fragen Sie nach, wie diese mit ihren Zeiträubern umgehen bzw. es vielleicht bereits geschafft haben, etwas zu verändern. Die Erfahrungen sind wichtig und können Ihnen dabei helfen, Ihre eigenen Zeiträuber auszutricksen. Das Rad muss ja bekanntlich nicht immer wieder neu erfunden werden.

Zeitdiebe erkennen und verjagen

Zeitdiebe	Ursache(n) (es gibt meistens mehrere)	Lösungsvorschläge auch gerne „verrückte"
Beispiel: Das Telefon klingelt ständig	alleinige Zuständigkeit	zeitlich absprechen, Kabel durchschneiden ☺ auf lautlos schalten auf Mobilbox leiten
oder: Warteschlange an der Kasse im Supermarkt	einkaufen nach Feierabend, machen die anderen auch	Einkaufen bündeln, Pause an der Kasse zum bewussten Atmen nutzen, Entspannungsübung im Stehen durchführen, auf Diät gehen und gar nichts mehr einkaufen ☺

Das Ziel ist daher, Ihre Zeiträuber zu erkennen und sie zu minimieren oder auf längere Sicht dort – wo es möglich ist – ganz zu entfernen. Wir benötigen hier Feingefühl, also eine gewisse Sensibilität, wenn es sich um Menschen handelt. Wenn Ihnen z.B. eine bestimmte Person ständig die Ohren voll heult oder immer eine Person dies oder jenes auf Sie abschiebt (Sie kennen das: „Nur Sie erledigen das immer zur vollsten Zufriedenheit" oder: „Wenn Du das machst, weiß ich, dass es gelingt"), dann gilt es, sich bestimmt und direkt, aber sensibel zu wehren und seine WWW's nicht aus dem Auge zu verlieren, sich so für sich selbst freie Zeit zu verschaffen. Wir wollen niemanden verletzen oder vor den Kopf stoßen. Wir müssen uns aber auch immer mal wieder fragen: Immer die anderen zuerst? Und wo bleibe ich? Wie kann ich selbst stärker gut für mich sorgen? Was kann ich tun oder lassen?

Ja, es fällt schwer, sich auf der Prioritätenliste ganz nach oben zu setzen, zumindest ab und zu… Ich kann in den Workshops oftmals beobachten, dass besonders Mütter – und hier sehr häufig die alleinerziehenden Mütter – hierzu nicht in der Lage sind, aber stets klagen über „zu viel von allem" und zu wenig Zeit für sich selbst.

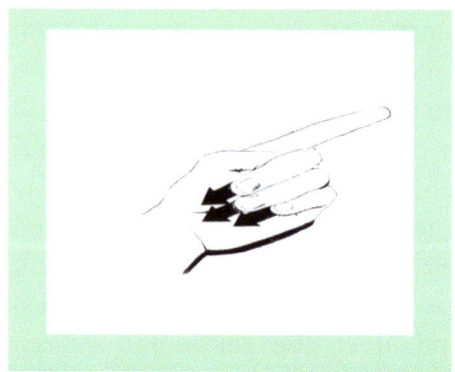
Abb. in: Boëthius/Zellweger 1986, S.11

Die Abbildung zeigt deutlich, dass drei Finger auf uns zurückweisen… Also: Trauen Sie sich auch hier öfter.

Leere Online-Kalorien
Ein enormer und gieriger Zeiträuber sind einige Medien. Man surft im Internet und kommt „vom Höckschen aufs Stöckschen", und wupti, sind schon wieder zwei Stunden zerronnen. Die Folge: Wenn man den Überblick verliert, kann man keine Prioritäten mehr setzen.
In einem Buch las ich kürzlich über „leere Online-Kalorien" und habe daraufhin sofort eine Zeitung aus meinem PC gelöscht (es war aber nicht die Zeitung mit den vier

Buchstaben), die ich im Favoriten-Register gespeichert hatte. Ich bin ab sofort nicht mehr bereit, alle möglichen und unmöglichen Nachrichten zu lesen. Nachrichten, die man dann am nächsten Tag schon wieder vergessen hat und die überhaupt keinerlei wirklichen Wert haben, darüber informiert zu sein. Und wenn ich eben nicht über alles mitreden kann ist es mir auch Recht.

Auch Zeitschriften aller Art können Zeiträuber sein. Sie zu lesen ist entspannende und leichte Kost, und wenn man über ausreichend Zeit verfügt und nicht ständig über Zeitnot klagt, ist das auch völlig in Ordnung, meine ich.

Was sind Ihre Zeiträuber?

Um Ihnen ein paar Beispiele zu geben: Es gibt die sogenannten inneren und äußeren Zeiträuber:

Innere Zeiträuber

- Eine schlechte Planung
- Unklare Zielsetzung
- Eigene Ansprüche wie Perfektionismus
- Nicht ‚Nein'-sagen können
- Nicht wählen können (ab- oder zuwählen)
- Multitasking
- Fehlende Entschlusskraft
- Unnötige oder gleichgültige Handlungen – Ersatzhandlungen, Ausweichmanöver
- Zu viele Verabredungen im Familien- und Freundeskreis (Geburtstagsfeste, Partys, Einladungen usw.), zu denen man sich „verpflichtet" fühlt, hinzugehen
- Mangelnde Delegation
- Unordnung
- PC, TV, Smartphone, die sogenannten sozialen Medien wie Facebook

> **Äußere Zeiträuber**
>
> - Unangemeldete spontane Besucher, die lange bleiben
> - Lange gemütliche Unterhaltungen mit Kollegen/Kolleginnen über Unwichtiges
> - Lange und ineffektive Meetings, in denen sich bestimmte Personen gerne selbst reden hören
> - Unvorhergesehene oder ständige Unterbrechungen
> - Probleme von anderen, die sich immer wieder nur im Kreis drehen
> - Aufgaben von anderen übernehmen, ohne gebeten worden zu sein

Wieder ist hier innere Klarheit darüber bedeutsam, mit wem und mit was Sie zukünftig gerne weniger Zeit verbringen möchten - sicher ist ein gemütlicher Plausch mit Kolleginnen und Kollegen auch wichtig, ab und zu.

Ersatzhandlungen bzw. Übersprunghandlungen

Ersatzhandlungen bzw. Übersprunghandlungen – wer kennt sie nicht? Erst mal den Stapel neben dem PC ordnen, jetzt erst noch diesen (unwichtigen) Anruf tätigen, ein WhatsApp versenden, nochmal schnell im Internet surfen, erst noch die Fenster putzen, den Kollegen im anderen Büro etwas fragen: alles Ausweichmanöver – ja, danach packe ich das Wichtige an... Mit Ersatzhandlungen oder auch Übersprunghandlungen tun wir uns keinen Gefallen, wir tun damit etwas, um uns vor dem eigentlich Wichtigen zu drücken oder vor ganz bestimmten Aufgaben, die erledigt werden müssen. So schiebt man diese vor sich her und der Buckel auf dem Rücken wird immer höher und drückt. Aufschieberitis belastet auf Dauer seelisch. Man verrichtet unnötige oder gleichgültige Handlungen ohne eigentlichen Wert für die wichtige Aufgabe und man findet innerlich Argumente, warum zuerst dies oder das jetzt noch getan werden muss. Wir suchen Zerstreuung und Ablenkung, aber letztlich lauert die eigentlich wichtige Aufgabe direkt um die Ecke und der empfundene Druck auf dem Rücken wird stärker.

In einem Workshop fragte mich in der Pause eine Teilnehmerin, ob ich ihr nicht einen Tipp geben könnte. Sie war Leiterin einer Einrichtung und war beauftragt, ein neues Konzept zu schreiben. Schon seit Wochen und Monaten schiebe sie diese Aufgabe immer vor sich her, lenke sich ab mit allem Möglichen, was sie stark belaste. Ich nannte ihr den Satz „Schluck den Frosch" von Brian Tracy (mehr dazu im Buch S. 139) und erklärte ihr, was dies bedeutet. Nach ca. zwei Wochen rief sie mich an und erzählte, wie erleichtert sie nun sei. Sie habe sich über den auf den Workshop folgenden Feiertag plus das gesamte Wochenende zuhause hingesetzt (die Überstunden wurden natürlich verrechnet), den Frosch bzw. die Kröte geschluckt und mit dem Konzept begonnen. Nach drei Tagen war es fertig und konnte abgeliefert werden. Es sei <u>der eine Satz</u> von mir gewesen, der sie dazu bewegt habe, die Aufgabe jetzt endlich in Angriff zu nehmen.

Der Buckel auf ihrem Rücken war nicht nur geschrumpft, er war völlig weg und sie hatte nun freie Zeit für anderes, das ihr wichtig war.

Es ist nicht immer leicht, sich den wichtigen Aufgaben zuzuwenden, wir sind Menschen und keine Roboter. Es gibt jedoch hilfreiche Tricks für einen effektiven Umgang mit Zeit, gerade wenn wir zu dem Mechanismus der Ersatzhandlungen neigen. Hier noch ein hilfreicher Tipp:

Setzen Sie eine angemessene Zeit für ein vorgenommenes Projekt fest, z.B. 1 Stunde, stellen Sie die Uhr und wenn der Klingelton ertönt, machen Sie eine Pause, um eine für Sie typische Ersatzhandlung durchzuführen (das kann auch ein kleiner Spaziergang sein) – jetzt jedoch mit gutem Gewissen.
Sie sind mit Ihrem Vorhaben weitergekommen, wenn auch vielleicht nur ein kleines Stück, aber Sie bleiben dran, sind voll dabei, Ihr Selbstwertgefühlt steigt und Sie fühlen sich glaubwürdig vor sich selbst. Sie sind auf jeden Fall ein Stückchen weitergekommen, und haben vielleicht durch einen Spaziergang zudem noch Ihren

Energietank aufgeladen, also einen zusätzlichen Gewinn erzielt.

Manchmal müssen wir uns auch einfach – ohne viel darüber nachzudenken – durch ein wenig Selbstdisziplin helfen. Mir hilft immer der Satz

> **Gedanke, Entscheidung, Tat
> (keine Zwischenräume)**

Dazwischen <u>keinen</u> Raum lassen, um darüber nachzudenken. Sonst gewinnt der innere Schweinehund, besonders dann, wenn Sie gerade keine Bockwurst zur Hand haben, um diese dem inneren Schweinehund ins Maul zu werfen☺. Hier hilft volle Konzentration auf das Vorhaben bzw. Ihre Aufgabe, **die Kröte schlucken und loslegen.**

Anstatt Ihre üblichen Ersatzhandlungen mit einem schlechten Gewissen – und meistens dann auch mit einem negativen Gefühl – durchzuführen können Sie so Ihre Ersatzhandlung genießen und sogar wertschätzen.

Hinzufügen, was nährt, loslassen, was zehrt

Wir jagen nach dem perfekten Leben, das uns in den Zeitschriften, im TV und in der Werbung vorgegaukelt wird und straucheln doch im Alltag, fühlen uns überfordert, überlastet, unwohl – und werden schließlich krank.
Letztlich geht es darum, eine klare, bewusste Wahl zu treffen, abwählen, streichen, was auf Dauer zu viel zehrt (körperlich und seelisch), und verstärkt hinzufügen, was uns nährt. Das setzt unsere Kontrolle und den Überblick voraus, wofür wir in unserer gegenwärtigen Lebenssituation die uns zur Verfügung stehende Zeit nutzen wollen. Eine alleinerziehende Mutter wird eine andere Wahl treffen als ein Vater, dessen Kinder bereits erwachsen und aus dem Elternhaus ausgezogen sind. Sie wissen am besten, was Sie nährt und Ihnen Kraft, Energie, Elan und Lebensfreude gibt. Ich bin überzeugt: Sie werden die richtige Wahl treffen, um zukünftig mehr Zeit für das Ihnen Wichtige zu haben und sich aus alten Mustern lösen, die Sie gefangen hielten und an Ihnen gezehrt haben.

Muße und Müßiggang - werden Sie zu Eroberern und lassen Sie sich von der Muße inspirieren

Was für jeden einzelnen Menschen Muße bedeutet, ist ganz unterschiedlich. Allen unterschiedlichen Formen jedoch gleich ist, dass man dazu ZEIT benötigt, Zeit für Besinnlichkeit, Kontemplation, Versenkung, Stille, Verweilen und Gemächlichkeit. Rasten von der Hast.
Ich möchte Sie gerne dazu motivieren, wieder mehr Muße in Ihrem Alltag zu (er)leben.
Muße ist eine Lebensphilosophie und schenkt uns tiefe innere Ruhe und Freude. Muße ist Innehalten, Achtsamkeit leben, Nachdenken oder Nachsinnen, Beobachten, Wahrnehmen. Muße ist Rückzug aus einem stressigen Alltag, ist Beschaulichkeit, auch Philosophieren über die einem selbst wichtigen und wesentlichen Dinge des Lebens, über die eigenen Werte und Wege, die man eingeschlagen hat.
Viele Menschen erachten Muße als überflüssig, setzen sie gleich mit Nichtstun, Zeitverschwendung, ja sogar mit Faulenzen. Aber Muße meint hier ein tätig sein in einem ruhigen Rahmen und in innerer Gelassenheit. Muße erfordert Stille und innere Sammlung.

Dies kann am Feierabend oder in einer ruhigen Stunde am Wochenende sein. Mußestunden sind nicht gleichzusetzen mit Freizeit, Hobby, Ausgleich vom Alltagsstress usw., sondern eher als aufmerksame Reflektionszeit, als Freiraum für besinnliches Denken über uns selbst auf dem Weg hin zur Selbsterkenntnis. Muße erfordert Zeit und Hingabe und Ruhe um uns herum. Hilfreich ist für viele auch die Natur dabei. Oder auf dem Sofa liegen und die vorüberziehenden Wolken beobachten, Gesichter und Figuren in sie hinein interpretieren, zu beobachten (am besten noch mit einer Lupe), wie eine Spinne ihr Netz baut, ein Spinngewebe mit Tautropfen zwischen Ästen, ein wedelndes Blatt im Wind.

Ein Plätzchen im Garten unter einem Baum, ein ruhiger Ort am Waldrand, eine Bank auf einer Wanderung, eine Stunde am Meeressaum oder an einem See oder auch ein stiller Raum in der Wohnung, alles ist geeignet hierfür.

Ein ebenso wichtiges Thema wie die Muße sind Pausen.

Pausen – zur Ruhe kommen und den Geist entspannen

In unserem geschäftigen Alltag vergessen wir oftmals, eine kraftschenkende Pause zu machen. Wir verlieren uns in unseren Aktivitäten oder sind von unseren Aufgaben so beansprucht, dass eine Pause wie Luxus erscheint. Hinzu kommt: Pausen kosten ja Geld, da Time ja bekanntlich Money ist… In einem geschäftigen und beschleunigten Alltag werden Pausen der Zeitnot geopfert. Lieber noch „schnell" dies oder jenes fertig machen. Und wieder keine Pause gemacht. Dabei erhöht eine richtige Pause mit abschalten und einer Erfrischung unsere Lebensqualität jeden Tag auf's Neue. Eine Pause schafft Abstand von dem, was gerade war und schenkt eine Atempause, ein zu sich selbst kommen und zu dem, was vor uns liegt, was wartet und erledigt werden will, und zwar zufriedenstellend erledigt werden will.
Eine Pause ist quasi ein kleiner Zwischenraum, der Zeit bietet, Vergangenes loszulassen und sich auf das Zukünftige mental vorzubereiten, also auf das, was kommt, was auf Sie wartet. Unser Gehirn braucht Pausen, unser Nervensystem braucht Ruhe.

In einer Pause können wir Abstand gewinnen vom momentanen Tagesgeschehen und die Zeit nutzen, uns kurz zurückzuziehen, zu entspannen, loszulassen. Etwas **anderes** TUN, DENKEN, AUCH ETWAS LASSEN.

Wenn es eine kurze Pause ist: Das Fenster öffnen, ein paar tiefe Atemzüge nehmen, eine Tasse Tee trinken, ein Stück Obst essen oder was auch immer (vielleicht etwas naschen). Jeder Mensch braucht Pausen, wir können nicht im Kopf ununterbrochen nur mit wichtigen Arbeitsthemen beschäftigt sein. Noch besser ist es, wenn Sie den Raum oder das Gebäude kurz verlassen können, vielleicht eine Runde um den Block gehen, dabei achtsam auf alles andere achten, um Sie herum, nur nicht an die Arbeit denken.

Ein Timeout zwischendurch wirkt oft Wunder. Sie fühlen sich erfrischt und gehen mit neuem Elan an Ihre Aufgaben. Nicht nur die Leistung verbessert sich, sondern vor allem Ihr Wohlbefinden.

Bitte probieren Sie es aus und üben Sie. Ist man nicht in der Lage, den alltäglichen Energieverschleiß, den wir in der westlichen Welt alle erleben - privat und beruflich - immer wieder auszugleichen, verlieren wir unsere seelische Balance und unser Inneres bleibt leer, was zu Depressionen, Verzweiflung und Ängsten führen kann. Das Gefühl der Überlastung, der Anhäufung von Ballast und die subjektive Wahrnehmung, immer wieder die eigenen Grenzen zu weit auszudehnen, bedrückt auf die Dauer, macht uns antriebslos und innerlich starr, fast unfähig, das Ruder herumzureißen und uns selbst die Aufmerksamkeit zukommen zu lassen, die wir verdienen.

Bitte überprüfen Sie sich ganz aufmerksam einmal selbst:
Es ist ein geschäftiger Tag, entweder in der Familie, im Haushalt oder an Ihrem Arbeitsplatz, und mitten in all der Geschäftigkeit machen Sie eine zehnminütige Pause: Sie setzen sich mit einem Stuhl ans Fenster, trinken eine Tasse Tee und essen eine gesunde Mahlzeit, etwas Vollkornbrot, etwas Obst, Joghurt. Beobachten Sie die Wolken, die Blätter an den Bäumen, entspannen Sie, denken Sie bewusst an nichts, schieben Sie alle Gedanken weg, die sich hereinschleichen, achten Sie auf einige Atemzüge und lassen Sie los. Nach zehn Minuten beenden Sie die Pause und nun beobachten Sie mal genau, wie es Ihnen

danach geht. Wie verläuft die nächste Arbeitsstunde? Oder wie fühlen Sie sich für die angefallenen Tätigkeiten in Haus und Garten, bei der Schulaufgabenbetreuung oder bei der Küchenarbeit, im Büro bei einer Besprechung, beim Vortrag eines Berichts in der Teamsitzung oder wie und wo auch immer... Sie werden sich wieder frisch, leicht erholt und voller Tatendrang wahrnehmen. Der Körper und die Seele haben aufgetankt, dem Geist wieder frische Energie zugeführt, die innere Balance wieder ins Lot gebracht.

Wir brauchen keine Krisen im Alltag als Rechtfertigung für eine Pause.

Pausen schenken Kraft, jeden Tag mehrmals. Planen Sie Pausen ein. Der Schlüssel für eine innere Balance besteht gerade hier darin, die Notwendigkeit für Ruhe, Loslassen und Entspannung zu kennen und diese als täglichen Ausgleich, als Glied in einer starken Kette, fest in den Tagesablauf mit einzubinden. Und wir erkennen ihre positive Wirkung auf uns und unser Gemüt. Das heißt auch, sich selbst wertzuschätzen und sich selbst Anerkennung zu geben: „Ich bin es mir wert, jetzt diese Pause zu nehmen, um mich zu regenerieren". Schluss, keine weitere Erklärung oder gar Rechtfertigung.

Durch Pausen und Ruhezeiten erhöhen wir unsere Kreativität. Daher sind Pausen dienlich, alltägliche Aufgaben erfolgreich zu lösen. Nutzen Sie Pausen, um abzuschalten. Dies kann z.B. ein kleiner Spaziergang oder eine Tasse Tee sein, die Sie in Ruhe trinken, die Lektüre einer Zeitschrift, eine stille Meditation, Tagträumen, aus dem Fenster blicken und Menschen beobachten, eine kleine Musik hören, entspannen. Oder eben auch mal gar nichts tun, nicht auf das Smartphone blicken, keine E-Mails checken (das kann wie so vieles geübt werden). In meinen Seminaren erlebe ich oft, dass sofort in der Pause das Handy gezückt wird und nach eingegangenen E-Mails geschaut wird. Sicher, es gibt Führungskräfte, die auch im Laufe eines Fortbildungstages erreichbar sein müssen (?) oder private Lebenslagen, die dies erforderlich machen – das sind jedoch wirklich Ausnahmen.

Also: Eine Pause ist eine Pause.

Den Atem wahrnehmen, in sich hineinlächeln, Innehalten.

Nehmen Sie sich also bitte immer mal wieder im Alltag eine Pause.

Haben Sie schon einmal die Erfahrung gemacht, dass sich plötzlich nach einer gemachten Pause manche Aufgaben (und vielleicht sogar schwierige) viel leichter lösen und sich in der Zwischenzeit ganz neue Aspekte ergeben haben? Das ist die Wirkung eines durch die Pause frei gewordenen Geistes, der nun klarer sieht und mit frischem Elan ans Werk geht. Beobachten Sie sich ruhig immer mal selbst. Nach einer anstrengenden Stunde legen Sie 10 Minuten Pause ein. Sprechen Sie nicht mit Ihren Kollegen über die Arbeit, sondern vielleicht über den letzten Film, den Sie im Kino gesehen haben oder über das neue italienische Restaurant um die Ecke, das gerade eröffnet hat. Schalten Sie ab, ruhen Sie aus im Geiste und gönnen auch Ihrem Körper eine kleine Erfrischung. Denken Sie in Ihrem geschäftigen Berufs- und Lebensalltag immer mal an ALI, an diese drei Buchstaben:

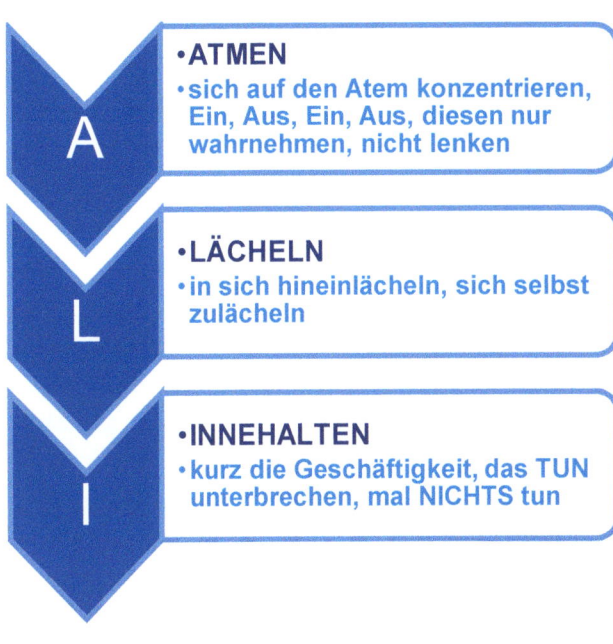

- **A** — **ATMEN**
  - sich auf den Atem konzentrieren, Ein, Aus, Ein, Aus, diesen nur wahrnehmen, nicht lenken
- **L** — **LÄCHELN**
  - in sich hineinlächeln, sich selbst zulächeln
- **I** — **INNEHALTEN**
  - kurz die Geschäftigkeit, das TUN unterbrechen, mal NICHTS tun

ALI = **P A US E**

Abwählen und nicht immer Tun

Ein anderer Blick auf die vorhandene Lebenszeit und ein so verändertes Bewusstsein führt unweigerlich zum Erkennen und Setzen von anderen Prioritäten im Lebensalltag. Dieser neue Blick auf Zeit fördert innere Klarheit darüber, wie man seine zur Verfügung stehende (Lebens-) Zeit nutzen will. Und diejenigen, die einen prall gefüllten Terminkalender – auch im privaten Leben – haben, werden dadurch in der Lage sein, das eine oder andere abzuwählen, was bislang viel Zeit erfordert und möglicherweise auch an Ihnen gezehrt hat. Dies gilt vor allem auch für jene, die gerne im privaten Leben mehr Zeit für sich selbst hätten. Etwas Abwählen und nicht wieder etwas aktiv tun. Abwählen, um sich selbst etwas Gutes zu tun. Das schärft das Bewusstsein darüber, dass viele kleine Dinge und Handlungen des Alltags diesen zu sehr dominieren und man sich leicht im gefüllten Terminkalender verliert. Ich habe selbst öfters erlebt, dass mir niemand böse war, wenn ich auch mal ein verabredetes Treffen, eine wohlgemeinte Einladung oder einen Termin abgesagt habe. Im Gegenzug nehme ich es auch niemandem übel, wenn man mir absagt. Im Gegenteil: Ich achte dies als einen Schritt zur Selbstwertschätzung des Gegenübers. Trauen Sie sich, ab und zu mal etwas abzusagen bzw. abzuwählen und genießen Sie das so ungeplante Zeitgeschenk.

Abwählen, statt etwas lassen, so wie es ist oder wie Sie es gewohnt sind.

Zeit für Nähe – Zeit zum Alleinsein – Qualitätszeit schaffen

Zeit für Nähe und gleichzeitig zum Alleinsein sind keine Gegensätze, sondern Voraussetzung für gelingenden Zeitwohlstand. Wir brauchen zum einen Zeit für das Beisammensein mit anderen Menschen, für unsere Partner/innen, Kinder, Enkel, Familie und Freunde, und zum anderen auch Zeit für uns alleine. Zeit für Ruhe, Stille, Nachdenken und Nichtstun. Zeit mit anderen zu verbringen gibt uns einen Wert, besonders auch dann, wenn wir etwas für andere tun; Zeit für uns alleine bereichert uns und schenkt uns inneren Frieden, lässt uns Atem holen und uns ganz bei uns selbst sein. Wenn wir mit anderen zusammen sind, sollten wir auch ganz DA sein, bei unserem Gegenüber, uns interessieren für den anderen, auf seine Körpersprache achten. Diese wird oft übersehen und somit auch der Ausdruck von Gefühlen unseres Gegenübers. Ich vergesse nicht, dass ich einmal mit jemandem zum Frühstück verabredet war, mein Gegenüber dabei jedoch ständig auf das Smartphone blickte und dann laufend SMS mit der Tochter schrieb. Ich fühlte mich klein, uninteressant, übersehen, unwichtig. Dann gibt es Eltern, die selbst beim Abendessen ihren Kopf ständig auf das Handy drehen und ihren Kindern auf Fragen mit Hhmmm….antworten.

Mehr Leben im Jetzt. Im Augenblick

Alles was zählt, ist der jetzige Moment, der Augenblick. Unser Leben im Hier und Jetzt. Im bewussten Wahrnehmen, was IST. Was jetzt ist. Ganz DA sein. Die Zeit können wir bei ihrem Vergehen, Zerrinnen, nicht festhalten. Wir können sie nur im jetzigen Moment erkennen und wertschätzen.

Der griechische Philosoph Seneca beschäftigte sich u.a. mit den Klagen der Menschen über

die Kürze des Lebens. So müssten diese sich jedoch fragen lassen, ob sie richtig – in unserem Sinne hier – **er**füllt gelebt hätten. Wer Lebenszeit vergeude und sich von unwichtigen Dingen beschäftigen oder sich gar in sinnlose Geschäftigkeit flüchten würde, für den sei das Leben wirklich zu kurz. Wer jedoch seinem Leben Sinn und Erfüllung zu geben vermöge, der habe – auch bei einem allzu frühen Tod durch Krankheit oder einen Unfall – seine Lebenszeit dennoch genutzt.
Zeit kann man nicht anhalten. Ein Menschenleben kann enden, aber die Zeit geht immer weiter im gleichen ewigen Tempo. Und jede Leserin und jeder Leser kann selbst herausfinden, was für sie oder ihn diese so wertvolle **er**füllte Zeit ist und wie Sie diese erlangen können. Hier einige Fragen für Sie:

- ❖ Brauchen Sie Ihre Zeit für das, was Ihnen wirklich wichtig ist?
- ❖ Alleine oder gemeinsam mit den Menschen, die Ihnen wichtig sind?
- ❖ Nutzen Sie Ihre Zeit zu mehr Wertvollerem in Ihrem Alltag und bringt sie dies Ihrem Ziel näher?
- ❖ Behandeln Sie Ihre Zeit mit Liebe und Respekt?

Zeit kann man nur **einmal** nutzen, es gibt leider kein Zeit-Konto, von dem wir abheben können, wenn wir im Plus sind. Und es gibt keinen Zeit-Sparstrumpf, in den wir Zeit einfüllen können und daraus entnehmen, wenn wir in Zeitnot sind.

Mit Achtsamkeit im JETZT der Zeit
Mindfullness Based Stress Reduction, MBSR

MBSR basiert auf 2500 Jahre alten Meditationsunterweisungen buddhistischer Traditionen und wird seit nunmehr fast vierzig Jahren von Prof. Jon Kabat-Zinn unter dem Programm „Stressbewältigung durch Achtsamkeit" („Mindfulness Based Stress Reduction" kurz: MBSR) in seiner Stress-Klinik in Massachusetts/USA erfolgreich angewandt. Seit ca. 20 Jahren wird dieser Ansatz auch in Deutschland und in vielen europäischen Ländern (auch in vielen Stresskliniken) praktiziert und Sie können bei vielen Volkshochschulen einen Kurs belegen. Es gibt mittlerweile auch zahlreiche Forschungen zur positiven Wirkung des MBSR.

Jon Kabat-Zinn ist es gelungen, mit seinem Programm die Achtsamkeitsphilosophie der jahrtausende-alten östlichen Philosophien für die Lebensstilzustände in unserer heutigen Zeit zu nutzen und unserer westlichen Lebensweise anzupassen.

Als Metapher dient hier: MBSR ist für Menschen, die Land gewinnen wollen in einem hektischen Alltagsstrom.

Die Übungen bestehen aus einfachen Meditations- und Körperübungen und können unabhängig von Alter oder körperlichem Zustand von jedem Interessierten durchgeführt werden. Auch Menschen mit chronischen Schmerzen und Krankheiten, so zeigt die Forschung in zahlreichen Untersuchungen, erlebten eine Verbesserung ihrer Lebensqualität. Achtsamkeits-Meditation ist nachweislich eine sehr tiefgreifende Entspannungsmethode. Sie kann individuell je nach persönlicher Situation und Konstitution den Umgang mit belastenden Situationen ganz wesentlich erleichtern. Die Teilnehmer erfahren, dass es möglich ist, jeder Art von Belastung, ob körperliche Unannehmlichkeiten oder Erkrankungen, emotionale Schwierigkeiten, Ängste und Sorgen oder auch eingefahrene Reaktionsweisen und Gewohnheiten ohne Bewertung mit einer gleichmütigen Geisteshaltung, Präsenz und inneren Stille zu begegnen. Darüber hinaus fördert sie das persönliche Verständnis von seelischen und körperlichen Problemen und wirkt harmonisierend auf Körper und Geist. Obwohl die Meditationsübungen aus dem asiatischen Kulturraum kommen, muss noch angemerkt werden, dass bei diesen Kursen keine religiösen Inhalte vermittelt werden.

Die Achtsamkeitspraxis intensiviert unser Leben und zeigt Wege aus Zerstreutheit. Sie lehrt uns, in der Hektik des Alltags innezuhalten und uns mit all unseren Sinnen für den gegenwärtigen Moment im Hier und Jetzt zu öffnen. Sie vertieft unser Verständnis für uns selbst und unseren Umgang mit der Welt und hilft ebenso, den Alltag mit seinen Herausforderungen besser zu bewältigen.

Wie wirkt MBSR? Übende erlangen mehr Energie und Lebensfreude im Alltag, ein gewachsenes Selbstvertrauen und eine verbesserte Selbstakzeptanz, eine erhöhte Fähigkeit, sich zu entspannen, eine bessere Bewältigung von Stresssituationen, eine dauerhafte Verminderung körperlicher und psychischer Symptome.

Achtsamkeit bedeutet die bewusste Wahrnehmung von Sinneseindrücken um uns herum, vor allem die Stille, dort, wo es still ist. Das Üben von Achtsamkeit ist wie ein Fenster zu inneren Tönen und Räumen; es führt zu einer Begegnung mit sich selbst.

Alles was wir stets zur Verfügung haben, ist der jetzige Moment. Diesen Augenblick. Mit Achtsamkeit können Sie stärker im Augenblick leben, ganz DA sein, genießen und wertschätzen, was gerade ist, anstatt immer zwei Schritte voraus zu sein.

Achtsamkeit ist eine Grundlage für unseren Wachstumsprozess und vor allem eine Fähigkeit, die grundsätzlich jedem zur Verfügung steht und die wir durch Übung ausbilden können.

Wenn die Wogen unserer täglichen Aktivitäten über uns zusammen schwappen hilft es, alles Tun für eine kurze Weile zu unterbrechen und sich spontan eine Oase zu schaffen, sich hinzusetzen und einfach mal NICHTS zu tun. Einfach nur da sitzen und SEIN. Sich auf den Atem konzentrieren, ihn nicht lenken, nur wahrnehmen, wie er kommt und geht. Sich entspannen und loslassen.

> *Mindfulness ist wie ein Lederschuh, der unsere Füße beschützt gegen die Steine der Welt.*
> *Jon Kabat-Zinn*

Zwei kurze Beispiele, wie Sie leicht Achtsamkeit üben und somit ein verbessertes Zeitgefühl im Hier und Jetzt erhalten können:

<u>Stilles Sitzen</u>: Bei dieser Übung richten Sie Ihre Aufmerksamkeit zuerst auf Ihren Körper und dann auf den Atem. Der Atem ist der Bezugspunkt und der „Anker" der Aufmerksamkeit. Alle Gedanken und Gefühle, die kommen und gehen, werden zugelassen. Richten Sie jedoch Ihre Aufmerksamkeit immer wieder zurück auf den Atem. Den Atem nicht lenken, einfach nur wahrnehmen und beobachten.

<u>Achtsames Gehen</u>: Beim „Gehen ohne Anzukommen" oder achtsamen Gehen ist der Bezugspunkt der Aufmerksamkeit die Berührung der Füße auf dem Boden. Nehmen Sie bewusst wahr, wie Sie die Füße nacheinander abrollen und auf den Boden

setzen. Ganz besonders angenehm ist die Übung barfuß im feuchten Gras oder im Sommer am Strand. Die Gedanken werden einfach ohne Wertung wahrgenommen und losgelassen. Alle Sinne sind offen, Sie hören vielleicht Vögel singen, Blätter rauschen, Wellen anschlagen, riechen das Gras, die Erde des Waldes oder die salzige, warme Sommerluft. Sie sehen die Wiesen, Bäume oder das Meer, gehen still vor sich hin und richten Ihre Aufmerksamkeit nur auf den Körper und die Wahrnehmungen Ihrer Sinne.

Eine meiner absoluten sinnlichen Lieblingsübungen ist die Rosinenübung. Allerdings sollten Sie die Bereitschaft haben, sich etwas Zeit zu nehmen und sich darauf einzulassen. Wenn Sie keine Rosinen mögen, können Sie auch eine Waldbeere nehmen. Am besten ist es, wenn Sie sich die Übung erst einmal durchlesen oder Sie sich vorlesen lassen:

Rosinen-Übung

1. Nehmen Sie sich eine Rosine und legen Sie diese auf die Handfläche.
Betrachten Sie die Rosine einmal mit den Augen eines Kindes, das noch nie eine Rosine

gesehen hat. Was sehen Sie? Wie sieht die Rosine aus, wie ist die Farbe, die Struktur? Ist die Beere matt oder glänzend? Können Sie Rillen, Unebenheiten ausmachen? Bewegen Sie die Rosine nun in der Handfläche auf die andere Seite und versuchen Sie intensiv, auch hier Neues zu entdecken: Sieht die andere Hälfte gleich aus oder hat sich plötzlich die Form verändert?

2. Nehmen Sie nun die Rosine zwischen Zeigefinger und Daumen und halten Sie sie ins Fensterlicht oder ins künstliche Licht: Welche Farbe hat sie jetzt? Können Sie etwas Neues entdecken? An was erinnert Sie die Farbe? Ist die Beere durchsichtig, schimmert sie? Oder ist sie lichtundurchlässig?

3. Riechen Sie jetzt zwei-, dreimal ganz tief und intensiv an der Rosine und versuchen Sie ganz langsam, tief den Duft einzuatmen. Was riechen Sie? Wo lokalisieren Sie den Geruch im Mundbereich?

4. Halten Sie die Rosine jetzt ans Ohr und bewegen Sie die Rosine zwischen den beiden Fingern dicht am Ohr hin und her: Können Sie ein Geräusch wahrnehmen?

5. Legen Sie die Rosine jetzt auf die Zunge, aber beißen Sie noch nicht darauf. Bewegen Sie die Zunge mit der Rosine leicht hin und her, drücken Sie sie an den Gaumen und spüren Sie, wie sie sich im Mund anfühlt. Ist der Geschmack noch neutral oder beginnt sich bereits, leichter Geschmack zu entfalten?

6. Beißen Sie jetzt bitte ein-, zweimal auf die Rosine und öffnen sie diese, aber noch nicht kauen. Was schmecken Sie? Wie erschließt sich der Geschmack in der Mundhöhle? Schmecken Sie nur im vorderen Bereich der Mundhöhle? Oder verbreitet sich der Geschmack schon nach hinten Richtung Gaumen? Was passiert mit dem Speichelfluss? Was nehmen Sie wahr?
 Sich Zeit und Raum geben!
7. Kauen Sie jetzt die Rosine so lang wie möglich, spüren Sie intensiv den Geschmack, der sich im Mund ausbreitet. Wo genau schmecken Sie das Aroma? Nur im vorderen Mundbereich oder auch weiter hinten? Was passiert mit dem Speichelfluss?
Und wenn der Schluckdrang kommt, schlucken Sie die Rosine herunter. Schmecken Sie noch einige Momente nach. Nehmen Sie

wahr, ob und wie rasch sich der Geschmack verflüchtigt. Spüren Sie einfach nach.

Fragen am Ende der Übung:
Konnten Sie sich gut auf die Übung einlassen?
Was ist Ihnen aufgefallen bzw. auch bewusst geworden?
Konnten Sie Neues entdecken?
Wo waren Sie mit Ihren Gedanken während der Übung?
Fiel es Ihnen leicht/schwer, sich auf die Übung einzulassen?
Wie geht es Ihnen jetzt damit?

Oftmals denken wir im Alltag bereits an bestimmte Aufgaben, die noch vor uns liegen, während wir gerade etwas erledigen. Die Gedanken sind schon weiter voraus als im Hier und Jetzt und bei dem, was wir gerade tun. Das lenkt uns ab vom Augenblick.

Eine Metapher verdeutlicht dies:

Ein in Meditation erfahrener Mann wurde einmal gefragt, warum er trotz seiner vielen Beschäftigungen immer so gesammelt sein könne. Er sagte:

Wenn ich stehe, dann stehe ich
wenn ich gehe, dann gehe ich
wenn ich sitze, dann sitze ich
wenn ich esse, dann esse ich
wenn ich spreche, dann spreche ich…
Da fielen ihm die Fragesteller ins Wort und sagten: Das tun wir doch auch, aber – was machst du noch darüber hinaus? Er sagte wiederum:
Wenn ich stehe, dann stehe ich
wenn ich gehe, dann gehe ich
wenn ich sitze, dann sitze ich
wenn ich spreche, dann spreche ich.
Wieder sagten die Leute: Das tun wir doch auch. Er aber sagte zu ihnen:
Nein, wenn ihr sitzt, dann steht ihr schon
wenn ihr steht, dann lauft ihr schon
wenn ihr lauft, dann seid ihr schon am Ziel.
(Aus dem Zen-Buddhismus)
  In: Kaluza 2004, S.166

Eine weitere sehr hilfreiche Übung in Achtsamkeit ist, alles Tun mal ganz bewusst (wir müssen es bewusst steuern) langsamer zu tun. In den Seminaren gebe ich dies den Teilnehmenden immer für den Abend als

Übungsaufgabe mit nach Hause und frage sie dann am nächsten Morgen nach ihren Erfahrungen. Hier erlebe ich Erstaunliches: Die meisten erzählen, dass ihnen das sehr schwer gefallen sei. Andere wiederum sind hellauf begeistert und berichten, wie sich plötzlich ein gordischer Knoten gelöst habe: Beim Gehen zum Bus oder zur U-Bahn und anschließendem Gehen nach Hause, Tür aufschließen, beim Zubereiten des Abendessens, während der gemeinsamen Mahlzeit mit der Familie, beim Duschen und Zähneputzen, zuerst an der Möhre riechen, bevor diese geschält und klein geschnitten wird, an einer Sellerie riechen, den Duft der Mahlzeit wahrnehmen, den ersten Bissen ganz bewusst langsam kauen und überhaupt langsamer essen und trinken, die anfallende Hausarbeit langsamer erledigen, Kinder ins Bett bringen und Geschichten bedächtig vorlesen, das Wasser wahrnehmen, wie es unter der Dusche den Körper hinabrieselt usw. Alle Verrichtungen des – zumindest privaten - Tages langsamer und bewusster durchführen und dabei die Wahrnehmung schärfen. Auch am Wochenende kann gut geübt werden. Einige Seminarteilnehmende berichten, dass sie dadurch sogar innerlich viel ruhiger und entspannter, ja gelassener wurden, sich mehr in ihrer eigenen Mitte fühlten. Auch die Fahrt am nächsten Morgen zum Seminarort wurde als wesentlich entspannter wahrgenommen. An der roten Ampel beobachten, wie grimmig einige Menschen bereits am Morgen am Steuer sitzen. Gerade einem solchen Menschen zulächeln – es kostet Sie nichts und freut Sie selbst und den anderen (vermutlich). An ALI denken.

Sich Zeit nehmen, sich enthetzen, gerade auch bei den alltäglichen kleinen Verrichtungen. Wir erkennen, dass wir uns meistens selbst hetzen und unter Druck setzen mit unserer Schnelligkeit.

Ich weiß auch aus meiner eigenen Erfahrung, dass wir allzu oft geneigt sind, rasch wieder in unsere alten Gewohnheiten zurückzufallen. Daher helfen kleine Anker oder Brücken im Alltag, uns immer wieder daran zu erinnern, bewusst langsamer zu werden und unsere Aufmerksamkeit auf den Atem zu richten, diesen nicht lenken, einfach nur beobachten und wahrnehmen.

Der Atem ist wie ein Geländer, an dem wir uns festhalten und stützen können.

Anker können z.B. sein:

- Das Läuten des Telefons
- Das Läuten von Kirchenglocken
- Das Martinshorn in der Stadt
- Eine Autohupe
- Essen und Trinken
- Wartezeiten (diese kann man sehr gut nutzen bei Behördenbesuchen, im Wartezimmer beim Arzt, Friseur, an der Bus- oder Bahnhaltestelle, an der Kasse im Supermarkt usw.).

Die Zeit ist wie der Wind:
Richtig genutzt bringt sie uns an
jedes Ziel.
Lothar Seiwert

Gekaufter Zeitwohlstand

Vor elf Jahren habe ich die Weichen meines eigenen Lebens völlig neu gestellt. Ich hatte zu diesem Zeitpunkt einen gut bezahlten Job, musste jedoch wöchentlich lange auf der Autobahn unterwegs sein und war 53 Jahre alt.
Irgendwann spürte ich, dass ich so nicht mehr leben möchte. Die ewige Fahrerei auf der

Autobahn, lange Staus, schlechtes Wetter, die Angst im Winter, ob Eis oder Schnee kommen. Ich fragte mich immer öfter, was das Ganze eigentlich soll, welche Bedeutung diese Arbeit für mich hat und welches letztlich meine eigenen inneren Werte im Leben sind. In mir reifte still und leise die Gewissheit, dass ich diese Tätigkeit aufgeben würde; ich begann zu überlegen, was ich ansonsten arbeiten und meinen Lebensunterhalt verdienen könnte. Ich fragte mich, was meine Stärken, Fähigkeiten, aber auch Schwächen und Fehler sind und wie ich meine Stärken besser nutzen und einsetzen könnte für eine evtl. Selbstständigkeit, die ich auch von zuhause aus planen und vorbereiten könnte. Es war ein langer Überlegungsprozess, der mal in die Ferne glitt, mich dann wieder mit voller Wucht anging. Beim Schwimmen im Hallenbad kam mir dann eines Tages ganz plötzlich die Idee, die vor meinem geistigen Auge ganz deutlich mit großen Buchstaben geschrieben auftauchte: Ich werde ein eigenes Institut gründen und mich mit den Themen rund um Stress und Burnoutprävention ausschließlich für Fachkräfte in sozialen Berufen befassen. Schließlich hatte ich ja auch persönlich dazu

einiges zu sagen. Heute, elf Jahre später und aus der Retrospektive betrachtet, war das die beste Entscheidung, die mein Leben völlig verbessert hat. Es ist nie zu spät für neue Wege. Ich kam also vom Schwimmen nach Hause und entwickelte sofort – so richtig mit Enthusiasmus - ein riesiges Mindmap auf vier zusammengeklebten Papierbögen (das habe ich heute noch und schaue es mir immer mal wieder an, um zu erkennen, was ich davon verwirklicht habe und was sich erübrigt hat).
Ich begann damit, mir alle verfügbare Fachliteratur zu besorgen, diese zu sichten und zu recherchieren, welche Angebote es bereits auf dem Markt hierzu gibt.
Ich schrieb Fachartikel in einschlägigen Fachzeitschriften und erhielt hierdurch gute Resonanz. Ich schrieb ein Konzept für ein Forschungsprojekt, beantragte dies bei einer Stiftung und erhielt es (und damit auch Geld, um ein ganzes Jahr – zurückhaltend – davon zu leben). Ich fasste die Ergebnisse in einem Buch zusammen und fand sofort auf Anhieb drei Verlage, die es publizieren wollten. Es wurde schließlich gut verkauft und steht heute in vielen Hochschulbibliotheken, worauf ich stolz bin. Zeitspannen mit vielen und dann auch wieder kaum Aufträgen für

Vorträge, Workshops und Seminare wechselten sich ab. Nur nicht aufgeben, dranbleiben .... wie heißt es doch:

 *Steter Tropfen höhlt den Stein.*

Ich reduzierte meine materiellen Ansprüche und lernte, mit wenig Geld auszukommen. Ich habe dadurch viel freie Zeit gewonnen, Phasen, in denen ich nicht arbeitete und das „Luxusgut ZEIT" für mich nutzte. Auch als dann das Institut nach einem weiteren Forschungsprojekt und vielen Publikationen wuchs und ich Honorarkräfte benötigte, habe ich meinen materiellen Lebensstandard nicht erhöht, sondern mir weiterhin bis heute mit meinem Einkommen sozusagen stets Zeit gekauft. Zeit für meine WWW's, und das ist mein Wohlstand: Zeitwohlstand. Ganz sicher ist mein Leben dadurch nach außen hin einfacher und bescheiden geworden, nach innen habe ich jedoch mehr Reichtum erlangt.

Alles hat bekanntlich seinen Preis, und ich war bereit, diesen zu bezahlen: Mehr Zeit – weniger Einkommen. Wie gesagt, wer etwas

„herwählt" (hin zu) für sein Leben, muss gleichzeitig auch bereit sein, etwas anderes abzuwählen, wegwählen (weg von). Bewusstheit hierüber ist ein wesentlicher Schlüssel für den Erfolg. Welchen Einsatz sind Sie bereit zu erbringen, um mehr von diesem Luxusgut Zeit in Zukunft zu erlangen?

 *Ein Tropfen auf den heißen Stein ... kann der Beginn eines Regens sein.*

Materieller Wohlstand existiert heute für zahlreiche Menschen, und doch haben viele zunehmend den Glauben verloren, dass „Prada" und „Gucci", 100 Paar Schuhe und 25 Handtaschen, teure Anzüge und schnittige Autos, den neuesten Weber-Grill und edle Weine im Keller ihnen Zufriedenheit und Erfüllung bringen, sondern eher einen noch größeren Leerraum in ihnen hinterlassen. Die rein auf Materialismus ausgerichtete Welt hat uns kein Glück gebracht, Wachstum und Konsum münden in eine ökologische Katastrophe, der Markt ist gesättigt, wir haben alles, was wir brauchen. Jedenfalls die meisten von uns. Und viele jagen doch noch weiter, hetzen sich ab und bezahlen mit stressbedingten Krankheiten und einem Gefühl völliger Erschöpfung.

Gut tut: Von innen nach außen leben. Glück ist, für etwas zu brennen, ohne auszubrennen. Glück ist, Begeisterung zu empfinden für das, was man tut. *(Wenn ich heute Hefe-Brötchen backe, bin ich mit großer Begeisterung bei der Sache. Und wenn das Backwerk letztlich auch gelungen ist und gelobt wird erfüllt mich das Ergebnis mit Freude. Immer wieder finde ich neue Tricks, wie der Teig noch luftiger wird und die Brötchen noch schöner glänzen, wenn sie gebacken sind).*
Durch Eile und Hetze verpassen wir das Schöne, Nährende im Alltag, das Schöne, das besonders in den kleinen Dingen wahrgenommen werden kann und unserer Seele gut tut. Entziehen Sie sich dem Wohlstandsstress, da wo es möglich ist und erkennen Sie die Momente einer „überflüssigen Schnelligkeit", halten Sie an, sagen Sie STOP – bis hierher und nicht weiter.

Seien Sie dieser Mensch, der hier im Hintergrund zu sehen ist - zum Schmunzeln noch diesen so treffenden Cartoon aus dem Buch von Axel Schlote:

(Abb. in: Schlote 2000, S. 159)

Alle rasen auf Biegen und Brechen mit gespitzten Ellenbogen und Zurückstoßen der anderen in die Richtung, wo es ZEIT zu geben scheint, ohne Rücksicht auf Verluste, völlig fertig und abgehetzt... Einer jedoch liegt ganz entspannt im Gras mit einer Blume im Mund, die Arme unter dem Kopf verschränkt, Dreitagebart, mit aufgelöstem Saum am Pullover und sich auflösenden Schuhsohlen: Er hat das längst, wonach alle rennen - und schmunzelt tief in sich hinein.

Zeit zum Leben bedeutet, all jene Dinge auszukosten, die im Alltag oftmals gar nicht mehr bewusst wahrgenommen werden. Das kann der warme Sonnenschein sein, ein kühles Lüftchen um die Nase, eine geöffnete Blume, der Gesang eines Vogels, ein gutes Essen zuhause oder im Restaurant oder ein Treffen mit Freunden – all das lässt uns genießen, bewusst innehalten, uns aufblühen und ist eine immerwährende Quelle der Freude und Lebenskraft.

 *Versuchen Sie, sich jeden Tag eine kleine Freude zu gönnen.*

Kapitel 4

Auch eine gute Planung hilft – die Kröte schlucken
(nach Brian Tracy)

Wie Sie Ihre Zeit-Ziele gut geplant verfolgen

Wie Sie zielgerichtet Schritt für Schritt weiter kommen

Was beim Schlucken der Kröte passiert

Was die Öltonnen bewirken

Kapitel 4

Auch eine gute Planung hilft –
Die Kröte schlucken (nach Brian Tracy)

Grundsätzlich habe wir nie genügend Zeit, all das zu tun, was wir eigentlich sollten oder selbst wünschen. Und wir haben alle unsere täglichen Aufgaben und Verpflichtungen im Beruf sowie in unserem Privatleben. Wir haben Vorhaben und Projekte, die wir verwirklichen wollen und gleichzeitig den Wunsch, uns mit allem up-to-date zu halten, auf dem neuesten Stand zu sein, mitreden zu können. Einen Stapel Bücher oder aktuelle Zeitschriften lesen, wenn wir mal genügend Zeit haben sollten - kennen Sie das?

Zeitdruck und Zeitnot, Beschleunigung und Zeitverdichtung plagen uns heutzutage wie bereits erwähnt und sind Phänomene unseres modernen Lebens. Unser Beruf, Smartphone und PC, E-Mails, soziale Netzwerke, Besprechungen, soziale Verpflichtungen oder das private Umfeld, Familie, Kinder, Partner/innen, Enkel, evtl. noch Eltern, die Unterstützung und Begleitung benötigen,

Haushalt, Wohnung, Garten, Haustiere, Kurse und Fortbildungen und letztlich auch noch im Urlaub Aktivferien – mit dem Smartphone am Strand die E-Mails checken, auch dienstliche, wie Untersuchungen zeigen - und dann natürlich stets subito, alles sofort oder wenigstens baldigst, zeitnah beantworten (zeitnah ist ja das Zauberwort schlechthin).
Aber Tatsache ist, dass wir niemals alles schaffen können, was wir sollen oder uns wünschen, dass wir uns in dieser schnellen Zeit niemals voll up-to-date halten können. Was gestern noch erstaunlich wichtig und bedeutsam war, ist morgen schon überholt und hat an Aktualität verloren.

Brian Tracy, ein seit vielen Jahren erfolgreicher amerikanischer Buchautor, nennt in seinem Buch „Schluck den Frosch" wichtige Gedanken dazu, wie Sie Ihre gesteckten Ziele leichter erreichen (z.B. mehr Zeit für sich selbst in einem sonst eher hektischen Lebensalltag). Ich möchte Sie einladen, sich seinen Gedanken anzunähern:

Notieren Sie drei wichtige Ziele über „mehr Zeit für mich selbst" auf Papier. Es ist ein großer Unterschied, ob man ein Ziel nur als

Bild im Kopf oder ob man ein konkret niedergeschriebenes Ziel mit einem greifbaren Handlungsplan vor sich hat, an dem man sich orientieren kann, Schritt für Schritt, so wie man ja bekanntlich auch einen Elefanten isst (Scheibchen für Scheibchen). Durch das niedergeschriebene Ziel wird dies greifbarer, sonst bleibt es lediglich eine Fantasie bzw. ein Wunsch, den Sie haben. Es ist außerdem für unser Gehirn hilfreicher, dies zu verschriftlichen, da sich das Gehirn dadurch unser Ziel bildlich besser merken kann. Und eine gute Planung und eine klare Struktur schaffen ein inneres Fundament und innere Ruhe.

Fragen Sie sich, was den größten positiven Effekt auf Ihr Leben hätte, wenn Sie etwas, das Ihnen am Herzen liegt, verändern könnten.
Nun kreisen Sie das Ihnen absolut wichtigste Ziel ein – innere Klarheit ist hier enorm wichtig und entscheidend für das Gelingen. Was ganz genau – bitte formulieren Sie es aus – wollen Sie konkret erreichen?
Ein ZIEL ist wie der Brennstoff im Ofen. Es wird nur warm im Haus, wenn Sie ordentlich nachlegen und heizen. Setzen Sie sich auch

einen Zeitrahmen, bis wann das Ziel erreicht werden soll und tragen Sie dies in Ihren Kalender ein. Ohne einen Zeitrahmen bleibt ein Ziel geduldig – es eilt ja nicht. Der gesteckte Zeitrahmen beinhaltet auch innerlich Ihre Akzeptanz spezieller Verpflichtungen, die einfach auch vorhanden sind und notieren Sie, welchen konkreten Einsatz Sie hierfür einbringen wollen. Denn ohne einen Einsatz und konkrete Änderungen können Sie Ihr Ziel nicht erreichen.

Erstellen Sie nun eine Liste über alles, was notwendig ist, Ihre Not buchstäblich zu wenden. Was können Sie tun – oder lassen, um Ihr Ziel zu erreichen? Diese Liste kann laufend ergänzt und erweitert werden. Die Liste ist ein visuelles Bild gleich einer Fahrspur, auf der Sie sich befinden. Der deutliche Weg vor Ihnen erhöht die Wahrscheinlichkeit, dass Sie Ihr Ziel erreichen.

Setzen Sie nun Prioritäten und finden Sie auch hier klare Worte dafür: Was kann ich als erstes tun – oder lassen? Was kommt an zweiter Stelle usw. Sie können die einzelnen Schritte auch durch ein Bild bzw. eine Zeichnung visualisieren.

Nun kommt die wegweisende und zentrale Aufgabe: Beginnen Sie sofort mit **einem** ersten Schritt in die richtige Richtung. Ein kleiner Schritt ist besser als keiner und besser als nur ein Plan im Kopf.

Fassen Sie den Beschluss, von nun an jeden Tag etwas in Richtung der Erreichung Ihres Ziels zu tun. Setzen Sie sich Teilziele. Und dann heißt es: Dranbleiben, mit kleinen Schritten.

TIP:
Unterwegs hilft es sehr, sich über alle möglichen Kanäle zu informieren, die Ihnen zur Erreichung Ihres Ziel behilflich sein können: Bücher, Workshops, Fortbildungen, Zeitungen, Internetrecherche, vor allem jedoch Gespräche mit Menschen, die ein ähnliches Ziel bereits erreicht haben. Stellen Sie ihnen Fragen: „Wie ist es Ihnen gelungen? Was haben Sie dafür getan oder weggelassen? Wie war der Weg für Sie? Was hat Ihnen besonders geholfen?" Sie brauchen keinen professionellen Coach zu bezahlen, es gibt genügend Menschen in Ihrem Umfeld, die ein eher geruhsames Leben führen (und die Sie ja heimlich schon lange dafür bewundert haben). Fragen Sie diese.

Das Erreichen eines sich selbst gesteckten Ziels gibt Selbstsicherheit und ein wachsendes Selbstvertrauen. Das Gelingen kleiner Teilziele hat zur Folge, dass einem während des Prozesses die weiteren notwendigen Schritte auf dem Weg *leichter* fallen.

Brian Tracy's Öltonnen

Zum Erreichen kleiner Teilziele berichtet Brian Tracy in seinem Buch von einem beeindruckenden Erlebnis: Als er als junger Mann mit einem Freund die 1500 km lange Strecke durch die Sahara-Wüste durchquerte, in der viele Menschen in den Jahren zuvor den Tod gefunden hatten, halfen den beiden jungen Freunden die von Arabern in regelmäßigen Abständen aufgestellten leeren Öltonnen, an denen sie sich orientierten. Die Öltonnen waren immer in 5 km-Abständen so auf dem Weg aus der Wüste heraus verteilt, dass sie stets nur die nächste Tonne sehen konnten, wenn sie die eine passiert hatten. So hatten sie ein Teilziel vor Augen, das große Ziel – den Weg aus der Wüste heraus – aber nie aus den Augen verloren. Ein genialer Trick, wie ich finde. Auf diese Weise fühlt man sich nicht ‚erschlagen' von einem großen Ziel, sondern die kleinen Schritte auf dem Weg dorthin sind überschaubar, erscheinen machbar.

Schauen Sie täglich auf Ihren Plan und Ihre Liste und überlegen Sie, was Sie heute als nächstes dafür tun oder lassen können. Tauchen neue Ideen auf, fügen Sie diese sofort der Liste hinzu.
Sich in Gang zu setzen bedeutet, das Vorhaben nicht mehr länger aufzuschieben; Disziplin und eine gute Planung sind jedoch dabei notwendig.
Viele Menschen warten immer drauf, dass jemand kommt und sie motiviert oder ähnliches. Nur: Es wird niemand kommen und Sie retten. Nehmen Sie die Dinge selbst in die Hand. Man muss sich auch selbst manchmal dazu drängen oder pushen, sonst tut es niemand und Sie warten noch am St. Nimmerleinstag. Richten Sie Ihre Gedanken auf Erfolg und Gelingen und nicht auf Beschränkungen oder Mangel, kontrollieren Sie Ihre Gedanken. Übernehmen Sie auch hier Verantwortung, fokussieren Sie Ihre Gedanken auf die einzelnen Bereiche Ihres Plans, die zum Erfolg führen, um Ihr Leben mit erfüllter Zeit zu verbessern.

Also: Eine Tonne nach der anderen (in Anlehnung an Brian Tracy).

 *Wege entstehen beim Gehen.*

Haben Sie auch schon einmal oder gar bereits öfter erlebt, dass sich plötzlich neue und weitere Möglichkeiten ergeben, wenn Sie sich erstmal auf einen bestimmten Weg gemacht haben? Lange Zeit herrscht nur Stillstand, nichts bewegt sich, und sobald Sie auf dem Weg sind, geschehen für die Erreichung eines Ziels Ereignisse oder es tun sich neue Wege auf, die Sie weiterbringen. Sie lesen etwas dazu, ein Telefonanruf, in einem Gespräch erhalten Sie einen wertvollen Tipp usw.

Es scheint wie ein Naturgesetz zu sein: Die so freigesetzte Energie zieht weitere Energie an. Häufig wird dies auch mit „Flow" oder „Momentum" bezeichnet. Ist die Eisenbahn erstmal angefahren, erlangt sie auf der Strecke ordentlich Fahrtgeschwindigkeit und ist nur schwer zu stoppen.

Hängen Sie am besten Ihr Blatt mit den Teilzielen sichtbar für Sie auf und schauen Sie täglich darauf.

Was auch sehr nützlich ist, ist die Frage der Motivation: Warum wollen Sie Ihr Ziel erreichen? Was stört Sie an dem jetzigen Zustand? Was bewegt Sie dazu, welche Gefühle sind in Ihnen, um Ihr Ziel zu formulieren? Wie würde es sich anfühlen, Ihr Ziel erreicht zu haben? Innere Klarheit über das Wofür und Wozu stärkt und motiviert Sie, auf dem Weg zu bleiben, zielgerichtet und zukunftsorientiert dranzubleiben. **Zeit vergeht sowieso. Da können Sie ja auch mit der ersten Öltonne beginnen.** Und wenn Sie diese erreicht haben und die zweite sehen, schauen Sie zurück, sehen die erste Öltonne und klopfen sich auf die Schultern, loben sich selbst. Vielleicht können Sie auch ein System entwickeln, sich für die kleineren Teilziele selbst zu belohnen? Es muss nicht immer Geld kosten.

Die Frage ist also, wozu Sie ab jetzt Ihre Zeit gebrauchen, nutzen und wo Sie enden wollen, wenn die Stunden, Tage, Wochen und Monate, ja sogar Jahre dahinfließen. Sie erinnern sich? Sie sind der Pilot... Und wo man endet ist abhängig von den Überlegungen über die Konsequenzen, die kurz- und langfristige Handlungen mit sich bringen. Die

Voraussetzung dafür ist selbstredend, dass Sie über Ihre WWW's deutlich Klarheit haben, also über die wichtigsten Ziele im Umgang mit Zeit und über Ihre Prioritäten. Das gilt gleichermaßen für Ihr berufliches wie für das private Leben.

Diesen Text erhielt ich vor vielen Jahren von der Leiterin einer spirituellen Fastenwoche, leider ist mir die Quelle nicht bekannt:

Mehr-Wert-Steigerung:

Weniger Termine –   mehr Freiraum
weniger Kontrolle –   mehr Vertrauen
weniger Schlagworte - mehr Glaubwürdigkeit
weniger Reden -   mehr Hören
weniger Hektik -   mehr Gelingen
weniger Asche im Becher - mehr Asche auf's
                                               Haupt
weniger überzeugen –   mehr Zeugnis geben
weniger Kom-fort -   mehr Komm-her
weniger fern-sehen -   mehr hin-sehen

                        Quelle leider unbekannt

Worauf kommt es im Leben an? Was erfüllt und macht zufrieden und glücklich? Niemand könnte die Gefahr des Nichtgelingens besser ausdrücken als Joachim Ringelnatz:

Lassen Sie es bitte nicht **so** weit kommen wie hier:

> *Du weißt nicht mehr, wie Blumen duften,*
> *kennst nur die Arbeit und das schuften.*
> *So geh'n sie hin, die schönen Jahre,*
> *und einmal liegst du auf der Bahre.*
> *Und hinter dir, da grinst der Tod:*
> *Kaputtgerackert ... Vollidiot.*
> *Joachim Ringelnatz*

Zum Ausklang

Ich hoffe, Sie konnten in diesem Buch einige Anregungen und Ideen finden, um Ihren Blick auf ZEIT zu verändern und zukünftig durch kleine Schritte von Neuerungen mehr Lebensqualität und erfüllte Zeit in Ihrem Alltag zu finden. Und um ZEIT als ein wertvolles Geschenk und Gut im Leben zu betrachten, als ein Luxusgut schlechthin. Untersuchungen zeigen immer wieder, dass schon befragte Kinder nach ihren Wünschen „mehr Zeit mit den Eltern" äußern. In der Moderne mit all ihrem technologischen Fortschritt und der auf uns einströmenden Informationsflut sind wir besonders herausgefordert, uns wieder an die fundamentalen Bedeutungen des Wesentlichen für unser Dasein zu erinnern und hier gegenzusteuern, wenn wir unzufrieden sind. Zeit als ein wesentliches Gut ist für alle verfügbar, wir sollten sie nur bewusster nutzen und für das, was uns wirklich wichtig ist, einsetzen. Auch bei der anstrengendsten Berufstätigkeit, einer Familie mit Kindern oder einem alleinerziehenden Elternteil gibt es Raum, sich Oasen für eine erfüllte Zeit zu schaffen, wenn man etwas anderes wählt als bisher. Und jeder kann mit einem wachen Bewusstsein auch einen Gang herunterschalten, auf die Bremse treten, sich nicht mehr so abhetzen wie bisher und alles etwas langsamer gestalten, sei es das Gehen, das Autofahren, das Kochen, das Schreiben eines Berichts im Büro, das Sprechen mit den Kollegen, Kunden usw.

Lassen Sie sich nicht hetzen, sondern genießen Sie mit Achtsamkeit Ihren Alltag und genießen Sie in Zukunft mehr erfüllte Zeit für sich.

Meine besten Wünsche hierzu sollen Sie begleiten.

Der Fischer und der Banker

„Ein Investmentbanker stand in einem kleinen mexikanischen Fischerdorf am Pier und beobachtete, wie ein kleines Fischerboot mit einem Fischer an Bord anlegte; er hatte einige große Thunfische geladen. Der Banker gratulierte dem Mexikaner zu seinem prächtigen Fang und fragte, wie lange er dazu gebraucht habe. Der Mexikaner antwortete: „Nicht lange, ein paar Stunden nur." Warum er denn nicht länger auf See geblieben sei, um noch mehr zu fangen, fragte der Banker. Der Mexikaner sagte, die Fische reichten ihm, um seine Familie die nächsten Tage zu versorgen. Der Banker bohrte weiter: "Aber was tust Du denn mit dem Rest des Tages?" Der Fischer: "Ich schlafe morgens aus, gehe ein bisschen fischen; spiele mit meinen Kindern, mache mit meiner Frau Maria nach dem Mittagessen eine Siesta, gehe im Dorf spazieren, trinke dort ein Gläschen Wein und spiele Gitarre mit meinen Freunden, so habe ich ein ausgefülltes Leben".

Der Banker erklärte: "Ich bin ein Harvard-Absolvent und könnte Dir ein bisschen helfen. Du solltest mehr Zeit mit Fischen verbringen und von dem Erlös ein größeres Boot kaufen. Damit könntest Du mehrere Boote kaufen, bis Du eine ganze Flotte hast. Statt den Fang an einen Händler zu verkaufen, könntest Du direkt an eine Fischfabrik verkaufen und schließlich eine eigene Fischverarbeitungsfabrik eröffnen. Du könntest Produktion, Verarbeitung und Vertrieb selbst kontrollieren. Du könntest dann dieses kleine Fischerdorf verlassen und nach Mexiko City, Los Angeles oder vielleicht sogar nach New York City umziehen, von wo aus Du dann Dein florierendes Unternehmen leitest."

Der Mexikaner fragte: "Und wie lange wird dies alles dauern?" Der Banker antwortete: "So etwa 15 bis 20 Jahre." "Und was dann?" fragte der Fischer. Der Banker lachte und sagte: "Dann kommt das Beste. Wenn die Zeit reif ist, könntest Du mit Deinem Unternehmen an die Börse gehen; Deine Unternehmensanteile verkaufen und sehr reich werden. Du könntest Millionen verdienen." Der Mexikaner meinte: "Millionen. Und dann?" Darauf der Banker: "Dann könntest Du aufhören zu arbeiten. Du könntest in ein kleines Fischerdorf an der Küste ziehen, morgens lange ausschlafen, ein bisschen fischen gehen, mit Deinen Kindern spielen, eine Siesta mit

Deiner Frau halten, im Dorf spazieren, am Abend ein Gläschen Wein genießen und mit Deinen Freunden Gitarre spielen." (nach: Heinrich Böll "Anekdote zur Senkung der Arbeitsmoral", abgewandelt)

Literatur

Boëthius, Stefan/Zellweger, Hansruedi: Heute beginnt der Rest Deines Lebens. CH-Neerach 1986

Geißler, Karlheinz A.: Enthetzt Euch! Weniger Tempo – mehr Zeit. Stuttgart 2013

Kabat Zinn, Jon: Stressbewältigung durch die Praxis der Achtsamkeit. Freiburg 2014

Kaluza, Gert: Stressbewältigung. Heidelberg 2004

Küper, Wolf: Eine Million Minuten: Wie ich meiner Tochter einen Wunsch erfüllte und wir das Glück fanden. München 2016

Poulsen, Irmhild: Weichen neu stellen! Ein Praxishandbuch zur Selbstfürsorge und Burnoutprävention für Fachkräfte in sozialen und pädagogischen Berufen, Norderstedt, 2. Auflage 2017

Schlote, Axel: Zeit genug! Wege zum persönlichen Zeitwohlstand. Weinheim 2000

Schmidbauer, Wolfgang: Dranbleiben – die gelassene Art, Ziele zu erreichen. Freiburg 2002

Tracy, Brian: Eat that frog. Offenbach 2002

Ware, Bronnie: 5 Dinge, die Sterbende am meisten bereuen. Einsichten, die Ihr Leben verändern werden. München 2015

Zeitgeschichten. Unser kleines Ein-mal-eins der Zeitmessung. Fachinnung/Zentralverband für Uhren, Schmuck und Zeitmesstechnik Fulda, Würzburg 2008

Alle Fotos Irmhild Poulsen

Zur Autorin

Dr. phil. Irmhild Poulsen
Mit 53 Jahren habe ich die Weichen in meinem beruflichen Leben neu gestellt. Ich habe eine langjährige, gut bezahlte Tätigkeit aufgegeben, meine materiellen Ansprüche reduziert und mich in das Wagnis einer finanziell unsicheren Selbstständigkeit begeben, um eine höhere Lebensqualität durch mehr freie Zeit zu erlangen. Diesen Schritt habe ich niemals bereut.
Zeit ist daher mein Luxusgut im beruflichen und privaten Alltag geworden.
Ich lebe mit meinem Mann in Dänemark.